Die vier deutschen Jahreszeiten

1. Spargel
2. Aperol Spritz
3. Pfifferling
4. Glühwein

Und **180** weitere erhellende Listen

Peter Wittkamp

YES

Not Smoke.

Kiss June.

Not Kiss anyone else.

Cough.

Pee.

Eat.

Not eat too much.

Worry.

Go See Mama.

Practice Piano.

To-do-Liste von Johnny Cash

1. Du magst anscheinend Listen!

2. Ich auch.

3. Schön!

Denn dann ist dieses Buch genau das Richtige für dich.
Es ist eine Neuausgabe meines ersten Buches.

Nachdem alle zwanzig Millionen Exemplare verkauft
waren, war es einfach nicht mehr lieferbar und nur noch
zu Höchstpreisen auf Auktionen erhältlich.

Das kann ja wohl nicht wahr sein, dachte ich.
Meine Listen sollten für alle verfügbar sein.
Also musste eine neue Ausgabe her. Hier ist sie.

Ich habe das ursprüngliche Manuskript einmal komplett
überarbeitet und viele Listen durch neue ersetzt und
andere noch mal verändert.

Natürlich sind Klassiker und Publikumslieblinge dringeblieben.

Wenn ich bei einer Liste sehr unsicher war – soll sie bleiben
oder ersetzt werden?, habe ich meine Freundin Barbara um
eine Einschätzung gebeten. Beschwerden also bitte an sie.

Lob dafür gerne an mich! Zum Beispiel hier:
Instagram: peter_wittkamp

Und jetzt viel Spaß mit diesem Buch!

Listen to your Heart!

Peter

SIEBEN interessante
FAKTEN über dieses Buch

1. Du hältst dieses Buch gerade
   in der Hand.

2. Du liest diese Liste.

4. Du hast nicht bemerkt,
   dass der dritte Punkt fehlt.

5. Du schaust es gerade nach.

6. Du lächelst.

7. Du wirst mit diesem Buch
   viel Spaß haben!

Fünf Methoden für Reichtum in Deutschland

1. Reich sein

2. Reich erben

3. Jemanden heiraten, der reich ist

4. Jemanden heiraten, der reich erbt

5. 450 Jahre lang das monatlich Ersparte in einen ETF anlegen

SÄTZE, die man beim ERSTEN DATE nicht gerne hören möchte

»Ich hoffe, es ist okay, dass ich meine Astrologin mitgebracht habe.«

»Toller Duft. Meine Ex hat das gleiche Parfüm getragen.«

»Ich liebe dieses Café. Das war das erste, wo ich nach der Zeit im Knast hingegangen bin.«

»Ich bin eigentlich nur hier, weil meine Mutter gesagt hat, ich soll endlich jemanden kennenlernen.«

»Ich kann leider nur eine Stunde, mehr erlauben die von der Sekte uns nicht.«

»Ich habe schon mal ein bisschen im Voraus geplant und uns einen gemeinsamen Netflix-Account angelegt.«

»Ich habe ein wenig deine Social-Media-Profile durchstöbert. Du warst 2009 in Madrid, oder?«

»Zu Vino sage ich nie no!«

»Ich hoffe, es ist nicht too much, aber ich habe T-Shirts mit unseren Profil-fotos und ›It's a Match!‹ drucken lassen.«

Like

Gerne!

LÜGEN
mit nur einem Wort

Gesundheit!

Nice!

Sekunde!

Das Verschwörungs-theoretiker-Paradoxon

1. Sie beschäftigen sich mit supergeheimen Vorgängen.

2. Diese supergeheimen Vorgänge sind für jeden Jochen aus Wuppertal auf einem Handy nachlesbar.

Fünf Dinge, in denen Deutschland vorne liegt

1. Anzahl Mittelaltermärkte

2. Menge der Bundestrainer

3. Bauzeit von Großprojekten

4. Grillen

5. Faxgerätedichte pro Einwohner

Fünf Dinge, in denen Deutschland eher nicht so vorne liegt

1. Lässigkeit

2. Preisreduzierung auf Tiernahrung

3. Schienenverkehr

4. Nazis aus Parlamenten fernhalten

5. Mitarbeiterdichte im Baumarkt

DIE ZWEI ARTEN VON MENSCHEN

1. Menschen, die ich respektieren kann

2. Menschen, die Nutella im Kühlschrank aufbewahren

SÄTZE, die bei jeder VIDEOKONFERENZ fallen

»Hallo, hörst du mich?«

»Jetzt sehe ich dich nicht.«

»Ich höre dich, aber ich sehe dich nicht.«

»Moment, ich setze die Kopfhörer auf.«

»Wir warten noch kurz.«

»Moment, ich setze die Kopfhörer ab.«

»Bei mir ist gerade das WLAN wackelig.«

»Das Programm braucht ein Update.«

»Jetzt hat es an der Tür geklingelt.«

»Jetzt sehe ich dich wieder, aber der Ton ist weg.«

»Nein, die Mama ist gerade am Arbeiten!«

»Jetzt sehe ich dich gerade wieder nicht.«

»Oder sollen wir einfach telefonieren?«

Ein sicheres
P A S S W O R T
erstellen ✳✳✳

apfel
Das Passwort muss mindestens acht Zeichen enthalten!

apfelbaum
Das Passwort enthält keine Zahl!

123apfelbaum
Das Passwort enthält keine Großbuchstaben!

123Apfelbaum
Das Passwort enthält keine Sonderzeichen!

123Apfelbaum1!!!!!&/%$!«!!!6%$§/)!53ddf!«!!!6%
Dieses Passwort wird bereits benutzt.

Deutschland und das Wetter

bis 0 °C	viel zu kalt
1 °C	viel zu kalt
2 °C	viel zu kalt
3 °C	viel zu kalt
4 °C	viel zu kalt
5 °C	viel zu kalt
6 °C	viel zu kalt
7 °C	viel zu kalt
8 °C	viel zu kalt
9 °C	viel zu kalt
10 °C	zu kalt
11 °C	zu kalt
12 °C	zu kalt
13 °C	zu kalt
14 °C	zu kalt
15 °C	zu kalt
16 °C	nichts Halbes und nichts Ganzes
17 °C	nichts Halbes und nichts Ganzes
18 °C	nichts Halbes und nichts Ganzes
19 °C	nichts Halbes und nichts Ganzes
20 °C	fast okay, aber zu kalt fürs Freibad
21 °C	fast okay, aber zu kalt fürs Freibad
22 °C	fast okay, aber zu kalt fürs Freibad
23 °C	fast okay, aber zu kalt fürs Freibad
24 °C	fast okay, aber zu kalt fürs Freibad
25 °C	fast okay, aber zu kalt fürs Freibad
26 °C	angenehm
27 °C	zu heiß
28 °C	zu heiß
29 °C	zu heiß
ab 30 °C	HITZEWELLE, nicht zum Aushalten

SÄTZE, die man während der CORONAKRISE eher selten gehört hat

»Was ist ein RKI?«

»Also mir persönlich gibt es noch ein bisschen zu wenig Regeln.«

»Maske und Brille, das macht so richtig Spaß!«

»Ein, zwei Lockdowns könnte ich noch vertragen.«

»Homeschooling klappt bei uns problemlos.«

»Was ist denn eine ›Inzidenz‹?«

»Von Karl Lauterbach hört man auch selten was.«

»Zu Hause ist es immer noch am schönsten.«

»Da merkt man auch mal, wie wenig einem Restaurants und Bars überhaupt fehlen.«

»Was diese Querdenker sagen, klingt gar nicht so falsch.«

»Nudeln und Klopapier sind gerade im Angebot.«

»Einfach nur angenehm, die Kinder die ganze Zeit um sich zu haben.«

Versuche, beim Bäcker Körner-
brötchen zu bestellen, ohne die
folgenden Wörter zu benutzen

Körner

Brötchen

Bio

Vollkorn

Die Teuren

Die Gesunden

Dinkel

glutenfrei

Die links / rechts neben den ...

Sonnenblumenkerne, Mohn & Sesam

Nicht die Weißen!

STELLENANZEIGEN

 übersetzt

»Du hast Lust, den Start-up-Spirit zu leben?«

Du hast Lust auf nur 21 Tage Urlaub, wenig Geld und viel Arbeit?

»Ihre Leistungen werden angemessen honoriert.«

Glückwunsch! Wir zahlen ein Gehalt.

»Es erwartet Sie ein innovatives Unternehmen.«

Wir haben Computer! Mehrere!

»Sie zeigen Belastbarkeit bei auftretenden Arbeitsspitzen.«

Feierabend ist ein überschätztes Konzept!

»Sie verfügen über eine ausgeprägte can-do attitude ...«

... und die Fähigkeit, Bullshit zu ignorieren.

»Sie bringen Erfahrung im Umgang mit schwierigen Kunden mit.«

Du wirst regelmäßig angeschrien und musst dabei ruhig bleiben können.

»Flexibilität ist Ihre Stärke.«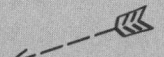

Du wirst rund um die Uhr verfügbar sein müssen, und Pläne sind eine Illusion.

»Dynamisches und motiviertes Team.«

Unsere Mitarbeiter sind ständig gestresst und überarbeitet.

»Gute Work-Life-Balance.«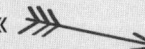

Du wirst so viel arbeiten, dass du deine Familie kaum siehst, aber wir haben einen Kickertisch im Büro.

»Spannende Herausforderungen.«

Ständig wechselnde Aufgaben und unklare Ziele sind an der Tagesordnung.

»Sie erwartet ein aufgeschlossenes Team in einer angenehmen Arbeitsatmosphäre.«

Und wenn bei uns ausschließlich sadistische, egozentrische Choleriker arbeiten würden, wir würden trotzdem »aufgeschlossenes Team in einer angenehmen Arbeitsatmosphäre« schreiben!

FÜNF neue slaye
TikTok–Challenges

5 Die Messer-schlucken-Challenge

4 Die Blind-über-die-Autobahn-Challenge

3 Die Hühnchen-roh-verspeisen-Challenge

2 Die Mit-der-Temperaturmethode-verhüten-Challenge

1 Die Föhn-in-Badewanne-Challenge

WENN UNSER

ALLTAG *EIN* FESTIVAL

WÄRE ...

ARBEITEN

DUSCHEN ESSEN

SCHLAFEN *Smartphone*

ANZIEHEN · AUSZIEHEN
KOCHEN · ZÄHNE PUTZEN · WASCHEN
FERNSEHEN · TELEFONIEREN · FREUNDE
PUTZEN · STAUBSAUGEN · HOBBYS · ABSPÜLEN
EINKAUFEN · THE STUHLGANG · SPORT
INTERNET · PINKELN · EINKAUFEN · TISCH DECKEN
ABTROCKNEN · SPECIAL GUEST: FAULENZEN

REPARIEREN · FENSTER PUTZEN · GEFRIERFACH
ABTAUEN · HANDY AUFLADEN · BETT BEZIEHEN
THE STEUERERKLÄRUNG · SPAZIERGANG
BÜGELN · NÄGEL KNIPSEN · EINCREMEN
TOASTEN · BADEN · GESELLSCHAFTSSPIELE
BASTELN · HAUS BAUEN · BAUM PFLANZEN
KINDER ZEUGEN · DEN ZWEITEN SOCKEN
SUCHEN · KUSCHELN · BUTTERBROT SCHMIEREN
FÖHNEN · SCHLUMMERN · SMARTPHONE SUCHEN

Samstagabend

Alter	Bestmögliche Abendbeschäftigung	Tatsächliche Abendbeschäftigung
Zehn	Die ganze Nacht fernsehen	Schlafen
Zwanzig	Ein Date	Mit Freunden rumhängen
Dreißig	Mit Freunden rumhängen	Ein Date
Vierzig	Schlafen	Dem Kind erklären, warum es nicht die ganze Nacht fernsehen kann

Afrikanischer Fluss
ODER
deutsches Start-up?

		Afrikanischer Fluss	Deutsches Start-up
1.	Akobo	☐	☐
2.	Alugha	☐	☐
3.	Benjoo	☐	☐
4.	Beho-beho	☐	☐
5.	Bodalgo	☐	☐
6.	Boubo	☐	☐
7.	Dawa	☐	☐
8.	Develandoo	☐	☐
9.	Kalomo	☐	☐
10.	Keleya	☐	☐
11.	Liberee	☐	☐
12.	Limpopo	☐	☐
13.	Lobo	☐	☐
14.	Mansio	☐	☐
15.	Marico	☐	☐
16.	Okpara	☐	☐
17.	Osora	☐	☐
18.	Ruhuhu	☐	☐
19.	Ruvuvu	☐	☐
20.	Wattando	☐	☐
21.	Wooga	☐	☐
22.	Wouri	☐	☐

Fluss: 1, 4, 6, 7, 9, 12, 13, 15, 16, 18, 19, 21, 22
Start-up: 2, 3, 5, 8, 10, 11, 14, 17, 20

BUDGET BEIM GRILLEN

| 1500 Euro | Weber-Gasgrill mit Heckbrenner und Sizzle-Zone |

| 69 Euro | Grillthermometer mit App-Anbindung |

| 17 Euro | Edelstahl-Grillzange mit Akazienholzgriff |

| 10 Euro | Gourmet-Honey-Barbecue-Sauce |

| 2,99 Euro | Vier Nackensteaks |

SÄTZE, die man bis zu einem Alter von ZWÖLF JAHREN ziemlich häufig hört

»Frag Mama!«

»Möchtest du der Klasse etwas sagen?«

»Was die anderen Kinder dürfen, interessiert mich nicht!«

»Es ist mir egal, wer angefangen hat!«

»Frag Papa!«

»Man kann nicht alles haben!«

»Ab morgen weht hier ein ganz anderer Wind!«

»Trägt man das jetzt so?«

»Schau mich an, wenn ich mit dir rede!«

»Eine PS5? Was glaubst du denn, was der Papa verdient?«

»Orangensaft mit Mineralwasser schmeckt fast genauso gut wie Fanta!«

»Ich bin nicht wütend, ich bin einfach nur enttäuscht!«

»Und wenn die anderen von der Brücke springen, springst du auch, ja?«

»Hast du Bitte und Danke gesagt?«

»Dein Zimmer sieht aus wie ein Schlachtfeld!«

»Setz dich ordentlich hin.«

Lebenszyklus einer

BANANE

Grün

Grün

Grün

Grün

Grün

Grün

Ge...

BRAUN

FÜNF schlechte Sätze
im Bioladen

1 »Führen Sie auch Bio-Produkte?«

2 »Haben Sie auch etwas, was schnell geht und nicht so gesund ist?«

3 »Also das Obst bei Lidl ist nicht so schrumpelig!«

4 »Kann ich die 500 Gramm Hühnerbrust in Raten zahlen?«

5 »Zwei Päckchen blaue Gauloises, einen Jägi und die BILD, bitte.«

DIE HERREN DER RINGE

Ein Mann, ein Ring
⇒ Antrag

Zwei Männer, ein Ring
Boxkampf ⟵

Drei Männer, ein Ring
⇒ Hobbits

Das Online-Dating-Paradox

1. Es ist okay, wenn man bei sich selbst ein klitzekleines bisschen geschummelt hat.

2. Es ist absolut nicht okay, wenn andere bei sich selbst ein klitzekleines bisschen geschummelt haben.

EUPHEMISMEN

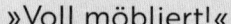 **des Immobilienmarktes**

»Voll möbliert!«

 *Der Vormieter hat seinen ganzen Schrott dagelassen.*

»Teilweise möbliert!«

Wir umgehen die Mietpreisbremse!

»Provisionsfrei!«  *Hässlich*

»Kautionsfrei!«

 Unglaublich hässlich

»Ideal für handwerklich Begabte!«

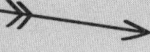 *Ideal für naive Idioten*

»Gestaltungsmöglichkeiten«

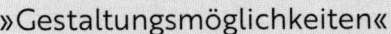

Es muss alles komplett neu gemacht werden!

»Liebhaberobjekt«  *Bruchbude*

»Außergewöhnliche Architektur«

Schiefe Wände

»Belebte Umgebung«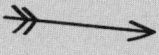

Viel Spaß beim Versuch, einzuschlafen!

»Fitness inklusive!«

Sechstes Obergeschoss ohne Aufzug

»Nie wieder Treppen steigen!«

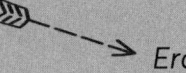

Erdgeschoss

SÄTZE, die man nicht zu einem RICHTER sagen sollte

»In Filmen tragen Leute wie Sie oft Perücken und ehrlich gesagt wäre das nicht zu Ihrem Nachteil.«

»Das Urteil ist mir eigentlich egal, weil ich sehr viel Geld habe.«

»Ich habe an dem Abend nichts getrunken, aber wenn doch, wäre es ja eigentlich die Schuld des Wirts!«

»Sie sehen mir aus wie jemand, der gerne vorschnell urteilt.«

»Ich kenne Sie aus dem Fitnessstudio! Sie sollten echt mehr an den Beinen arbeiten.«

»Ich habe an dem Abend nichts getrunken und nach dem Nachmittag haben Sie nicht gefragt.«

»Sind Sie sicher, dass das Ihre beste Robe ist?«

»Können wir das Urteil in einem Reim hören?«

»Siezen ist immer so unpersönlich. Ich bin der Volker – und du?«

»Wer als Werkzeug nur einen Hammer hat, sieht in jedem Problem einen Nagel.«

»Mein Anwalt meinte, es wäre besser, wenn ich sage, ich hätte das nicht gemacht.«

10

Die zehn sichersten Anzeichen für LETHARGIE

1.

Ehrliche WERBESLOGANS

IKEA
Weil du dir fertig zusammengebaut nicht leisten kannst!

STARBUCKS
Freies WLAN für 7,50 Euro.

Audi
Mehr hat meine Frau nicht erlaubt.

Tupperware
Für alle, die das Essen erst in ein paar Tagen wegwerfen wollen.

Red Bull
Wir machen Zucker zu Gold.

pepsi

Wir haben leider nur Pepsi!

KFC

Weil der nächste McDonald's zu weit weg ist.

Pfizer

Weil Krankheiten profitabel sind.

McDonald's

Weil du Fast Food dringender brauchst als Selbstachtung.

SUBWAY

Wir wissen auch nicht, warum es uns noch gibt.

ups

Wir finden den Ort, der am weitesten von deiner Wohnung entfernt ist, und lassen das Paket genau dort!

Hermes

Immerhin nicht UPS!

NORDSEE

Der einzige Laden, der in deiner Innenstadt bleibt!

Ehrliche WERBESLOGANS

hummel

Fast so cool wie Puma.

PUMA

Fast so cool wie Reebok.

Reebok

Fast so cool wie Adidas.

adidas

Fast so cool wie Nike.

NIKE

Cool – und dafür wirst du zahlen!

WERBESLOGANS

Ehrliche

SMARTPHONES

xiaomi

Niemand weiß, wie wir ausgesprochen werden.

LG

Wir machen Kühlschränke und Telefone. Beides ganz okay.

Apple

Wir haben bemerkt, dass wir etwas zu teuer waren, und deshalb haben wir die Preise auf deutlich zu teuer erhöht.

NOKIA

Uns gibt es immer noch und wir sind selbst am meisten davon überrascht.

BlackBerry

Vielleicht war die Tastatur rückblickend betrachtet doch nicht unbedingt nötig.

SAMSUNG

Das Pepsi unter den Smartphones.

Ehrliche WERBESLOGANS
DIGITAL

Spotify
Du bezahlst für die Musik – wir eher nicht.

tinder
Deine digitale Sammlung von Dates, zu denen du nicht gehst.

Pinterest
Unendliche Ideen, die du nie umsetzen wirst.

NETFLIX
Verbring mehr Zeit damit, etwas zum Ansehen zu suchen, als es tatsächlich anzusehen.

Paramount+
Niemand weiß, warum.

WhatsApp
Familienchats und Memes, die du nie wolltest.

TikTok
Danke für all deine Daten und liebe Grüße aus der Volksrepublik China.

###
Wo sich die ganze Welt gegenseitig anschreit.

Instagram

Schau mal, andere haben das perfekte Leben!

Uber

Weil dir ein echtes Taxi zu teuer und der Bus zu langsam ist.

fitbit

Damit du dich schlecht fühlst, wenn du auf der Couch sitzt.

Google Maps

Du hast dich schon viel zu sehr daran gewöhnt!

Microsoft

Irgendwie werden wir ein Abo draus machen!

wish

Asia-Schrott.

ChatGPT

Nein, dein Job ist nicht sicher.

TEMU

Asia-Schrott – aber man merkt es nicht sofort.

airbnb

Lebe wie ein Einheimischer, zahle wie ein Tourist.

zoom

Damit du dein Wohnzimmer nie wieder für dich allein haben wirst.

amazon

Der Kunde ist König, unsere Mitarbeiter nicht.

Was man zu Babyfotos junger Eltern eher selten sagt

»Sieht ein bisschen aus wie ein Scampi.«

»Das Gesicht ist bestimmt nur eine Phase.«

»Ganz der Postbote!«

»Da hat die Natur aber einen Streich gespielt.«

»So was sieht man auch nicht alle Tage.«

»Vielleicht ist es ja klug?«

»Von euch hätte ich mehr erwartet!«

»Für den ersten Versuch geht's!«

»Igitt!«

»Vielleicht wächst es noch in seine Ohren rein.«

»Habt ihr noch mehr Fotos?«

»Ich dachte, Babys wären immer süß?!«

»Igittigittigitt!«

 Bitte dein Kind, bei seiner nächsten Frage an dich auf die folgenden Wörter zu verzichten

Fernsehen

aufbleiben

langweilig

spielen

Tablet

Süßes

kalt oder warm

dauert

jetzt

warum

aber

BESCHRIFTUNGS-GENERATOR
für Herren-T-Shirts

1. Etwas Sinnloses auf Englisch, gerne ein Sportteam

2. Nordamerikanische Stadt

3. Beliebige Zahlen, gerne auch Jahreszahlen

4. Beliebiger Spruch

WINDSURFING MIAMI
1981
water is life

Schnellcheck

Bin ich internetsüchtig?

- Du frühstückst nicht, was dir schmeckt, sondern, was auf Instagram am besten aussieht.

- Online-Dating findest du nicht ganz durchdacht, weil man bei Erfolg das Haus verlassen muss.

- Du hast YouTube zu Ende geschaut.

- Du entdeckst nach sechs Monaten zufällig, dass du mit deinem Smartphone auch telefonieren kannst.

- Du freust dich am Kiosk, dass es Spiegel Online jetzt auch als Magazin gibt

Was ich
bezahle

- Rundfunkbeitrag

- Netflix-Abo

- Prime-Abo

- Apple TV+-Abo

- Disney+-Abo

Was ich
schaue

Zum siebzehnten Mal

F•R•I•E•N•D•S

Nur dich!

Liebe Grüße!

LÜGEN
mit nur zwei Wörtern

Auf Wiedersehen!

RTLZWEI News

Schon erledigt!

AUFKLEBER,

die man nicht so häufig auf

Buchumschlägen sieht

Das können
Sie besser!

MITTEL!

Schlecht

Aber der Autor war
immerhin bei Lanz!

Zwei einstecken,
keins bezahlen!

Von dem Autor
von ... ach, egal.
Das hat ja auch
keiner gelesen.

ZU TEUER!

Besser aufs Taschen-
buch warten.

Zum Schreien unkomisch

Enthält alle relevanten Buchstaben!

Mit nummerierten **Seiten!!**

PERFEKT,
wenn Ihnen die meisten Thriller zu spannend sind!

Leider kein
SPIEGEL-
BESTSELLER

Ein Stern.
Einfach so.

Der Autor hat sich stets bemüht. Unser Verlag wünscht ihm viel Erfolg auf seinem weiteren beruflichen Weg und bedankt sich für die insgesamt zufriedenstellende Arbeit.

Für den ersten Roman geht's!

SÄTZE, die man in DEUTSCHLAND während einer WM eher selten hört

»Vorrunden-Aus bedeutet immerhin, dass man sich überhaupt qualifiziert hat!«

»Danke, aber bei der Hitze lieber kein Bier für mich.«

»Gegen Holland kann man auch mal verlieren!«

»Der alte Fernseher ist groß genug!«

»Den Italienern gönne ich das!«

»Sympathie hat einen Namen: FIFA!«

»Ich schaue das später in der Mediathek nach!«

»Wieso sollte man ein Spiel mit anderen Menschen gemeinsam schauen?«

»Woher soll ich denn wissen, was der Nationaltrainer besser machen kann? Ich schau mir das Spiel doch nur auf dem Sofa an!«

»Was kommt heute Abend eigentlich im Fernsehen?«

DIE FÜNF

schlechtesten Antworten auf

»Ich liebe dich!«

5 »Geil!«

4 »Warum?«

3 »Würde ich ja wohl merken!«

2 »Jetzt haben wir den Salat!«

1 »Schlaf gut.«

Wenn sich

Filmbösewichte

bewerben müssten …

Der Joker

Humorvoll, wandlungsfähig, Erfahrung mit unkonventionellen Problemlösungen

Lord Voldemort

Außergewöhnliche Führungsqualitäten, umfangreiche Erfahrung in Teammanagement, visionär, Hobbys: alte Artefakte sammeln, dunkle Magie

Jigsaw

Interesse an kreativen Aufgaben und detailverliebt, Hobby: Basteln

Darth Vader

Hervorragende Ausbildung, einnehmende Persönlichkeit, familiär ungebunden

Hannibal Lecter

Akkurat, analytischer Verstand, akademischer Grad, Hobbys: gute Weine und Kochen

Sisyphos'
TO-DO-LISTE

1. Felsblock hochrollen

2. siehe 1.

3. siehe 2.

4. siehe 3.

5. siehe 4.

...

Fünf gute Alternativen zur AfD

5. Einfach

4. jede

3. andere

2. demokratische

1. Partei

SÄTZE, die man während der CORONAKRISE eher selten gehört hat

TEIL ZWEI

»Ich hab den Würgereiz beim Testen richtig lieb gewonnen.«

»Was heute wohl das Thema in der Tagesschau ist?«

»Jetzt kann ich mal so richtig Miete abwohnen.«

»Lass die Flasche mal rumgehen.«

»Ich merke, wie gut es unserer Beziehung tut, dass wir seit Monaten diese Wohnung nicht verlassen dürfen.«

»Es ist total klar und nachvollziehbar, warum jedes Bundesland andere Regeln hat.«

»Bin noch ganz fertig vom Jetlag.«

»Lass dich mal drücken!«

»Wer ist denn eigentlich Christian Drosten?«

»Guck mal, wie süß, eine Fledermaus!«

»Wo gehen wir denn heute Abend hin?«

DINGE, die es tatsächlich im *Tchibo*-Shop gibt

Hundestrandkorb

Maiskolbenhalter (8 Stück)

Aufsteller »Die schönsten Katzenweisheiten«

LED-Flaschenkühler und LED-Korken

Elektrische Salatschleuder mit Akku

Nuss-und-Getreidemilch-Maker

Bikinitasche

3-D-Schlafmaske

Tubenpresser

Digital-Detox-Set (Schlafmaske, Smartphone-Tasche, Unendlichkeitswürfel, Aktivitätswürfel und Mini-Sanduhr)

TITANIC

rückwärts geschaut

Zwei Schiffbrüchige
werden gerettet.

Sie verlieben sich.

Bis er sie nackt
sieht und verlässt.

Sie nimmt aus Ent-
täuschung einen
reichen Schnösel.

SÄTZE, die STRASSENPUNKS
eher selten sagen

»Kein Bier vor vier!«

»Das System ist an rein gar nichts schuld!«

»Leg mal was von den Hosen auf!«

»Entschuldigung, dürfte ich Ihnen vielleicht mit einem Euro aushelfen?«

»Waschen, schneiden, föhnen!«

»Warum hat eigentlich niemand von uns einen Hund?«

»Hey Ratte, magst du das Sterni direkt aus der Flasche oder lieber mit einem Glas dazu?«

»Ich sitze gerade an der Steuer für 2024. Lieber zu früh als zu spät. Wie hoch ist noch mal die Werbekostenpauschale?«

Apple-Betriebssystem
ODER
Panzer der deutschen Bundeswehr?

		Apple-Betriebssystem	Panzer der deutschen Bundeswehr
1.	Jaguar	☐	☐
2.	Panther	☐	☐
3.	Gepard	☐	☐
4.	Tiger	☐	☐
5.	Leopard	☐	☐
6.	Puma	☐	☐
7.	Wiesel	☐	☐
8.	Löwe	☐	☐

FÜNF INDIZIEN

dafür, mit einer
Schauspielerin
im Bett gelandet zu sein

5 Der Schweiß sieht ästhetisch aus.

4 Make-up-Korrektur

3 Jemand sagt: »Cut! Das müssen wir noch mal machen!«

2 Kostümwechsel!

1 Sie hält sich ein Bettlaken vor die Brüste.

Meine
FIRST-WORLD-PROBLEME

- Nach dem Zähneputzen schmecken alle Getränke so komisch.
- Die 3-D-Brille im Kino macht alles so dunkel, dass ich meine Nachos nicht richtig essen kann.
- Ich muss die Spülmaschine noch ausräumen.
- Ich weiß nicht, was ich mir zu Weihnachten wünschen soll.
- Die Frischhaltefolie lässt sich nicht mehr aufrollen.
- Es sind zu wenig Gummibärchen meiner Lieblingsfarbe in der Packung.
- Ich habe das iPhone 13, aber es gibt schon das iPhone 15.
- Heute sind drei Partys und ich weiß nicht, auf welche ich gehen soll.
- Das Toffifee geht so schwer aus der Packung heraus.
- Die Rolltreppe fährt nicht.
- Meine Smartwatch erinnert mich ständig daran, aufzustehen, obwohl ich gerade gemütlich sitze.
- Der Mittagsschlaf war zu lang.
- Der Staubsaugerroboter kommt mit dem neuen Hochflorteppich nicht klar.
- Die Badematte im Bad liegt schief – aber ich kann sie nicht schnell mit dem Fuß geradeziehen, weil sie rutschfest ist.
- Ich habe so viele Streamingdienste abonniert, dass ich nicht weiß, was ich schauen soll.

Wie man FREUNDE,

die nicht gerade die hellsten Sterne am Himmel sind, ein wenig

motiviert

Als Influencer muss man nicht studiert haben!

»Hübsch UND klug – das gibt es fast nie!«

»Du schläfst sicher immer gut ein, weil du dir nicht so viele Gedanken um alles machen musst. Oder kannst.«

»Schon mal von OnlyFans gehört ...?«

»Für Trickbetrüger und Hütchenspieler bist du eine immens wichtige Zielgruppe.«

Deiner Karriere im Trash-TV steht absolut nichts im Weg!

»Schreib doch mal was! Zum Beispiel YouTube-Kommentare.«

»Die Grundschule erfolgreich abgeschlossen. Das ist doch schon mal was!«

TO-DO-LISTE

von Olaf Scholz

- ☐ Joggen (auf Auge aufpassen)

- ☐ Streit zwischen Robert und Christian schlichten

- ☐ Auf keinen Fall irgendwie in die Politik einmischen!

Tut mir leid!

Wir melden uns!

LÜGEN
mit nur drei Wörtern

Nur ein Bier.

Gut gemacht, Chef!

Ich dich auch!

SÄTZE, die man von MUSIKNERDS eher selten hört

»Bei Kopfhörern reicht irgendwas für 20 Euro.«

»Die Spotify-Algorithmen sind mittlerweile besser als meine eigenen Playlists.«

»Aha, ›eigentlich alles‹. Schön, dass du dich bei deinem Musikgeschmack nicht einschränkst.«

»Klar, die ›Best of‹ ist ein idealer Einstieg!«

»Das Konzert war ganz ausgezeichnet abgemischt.«

»Nö, nö, kein Problem, stell meine Playlist ruhig aus.«

»Die sind heute viel besser als früher.«

»MP3, CD, Vinyl, Transistorradio ... egal. Hauptsache, Musik!«

»Die habe ich leider erst entdeckt, als sie schon jeder kannte.«

»Ja, leg die Platte einfach in irgendeine Hülle.«

OPPENHEIMER

rückwärts geschaut

Nachdem ein kluger Mann entdeckt,

was eine Atombombe alles anrichten kann,

versucht er, die Wissenschaft dahinter verschwinden zu lassen.

ZU EINEM

KOMMENTAR AUF CHEFKOCH.DE

IN DREI EINFACHEN SCHRITTEN

1. Das war echt [emotional verstärkendes Wort für lecker], ich hatte nur kein [ursprüngliche Zutat] im Haus und habe stattdessen [mehr oder weniger äquivalente Zutat] genommen.

2. Hat sogar meinem Mann [alternativ: Göttergatten] und unserem [Kosename fürs Kind] geschmeckt!! Das mache ich jetzt bestimmt [Häufigkeitswort]!!!

3. [Vorname oder Nickname, bevorzugt Diminutiv]

SÄTZE, die man nicht unbedingt von seiner WAHRSAGERIN hören möchte

»Ich bin mir nicht sicher, ob ich es Ihnen wirklich sagen soll ...«

»Hui! Dass Sie es noch lebend hierher geschafft haben!«

»Ich will nicht zu viel verraten, aber wenn Sie morgen zur Arbeit gehen, nehmen Sie einen geräumigen Pappkarton mit.«

»Sie schon wieder! Ich habe Sie gar nicht kommen sehen!«

»Ich formuliere es mal positiv: Die meisten Ihrer Kinder sind von Ihnen.«

»Sie werden – in dieser Reihenfolge – Ihren Job, Ihr Auto, Ihr Haus und Ihre Frau verlieren, völlig verarmen und in weniger als sechs Monaten auf der Straße leben. – Kleiner Spaß! Das war noch vom letzten Kunden.«

»Haben Sie eigentlich eine Lebensversicherung?«

»Übrigens: mit Happy End nur'n Fünfer extra.«

»Gute Nachricht: Ihr Partner ist mit dem Sexleben ziemlich zufrieden. Schlechte Nachricht: zum Beispiel jetzt gerade.«

»Die beste Zeit Ihres Lebens liegt eindeutig hinter Ihnen. «

- Ihr kennt euch bereits seit der Jugend.

- Ihr habt mehrere schwere Krisen miteinander durchlitten.

- Ihr braucht nicht viele Worte, um euch zu verstehen.

- Manchmal dachtest du: »Nie wieder!« Aber ihr habt nach kurzer Zeit erneut zueinander gefunden.

- Die Welt ist leichter mit ihm.

- Auch deine Freunde lieben ihn.

- Er unterstützt dich, wenn es im Job hart ist.

- Ihr könnt einfach nicht ohne einander.

Der perfekte Partner.
Oder Alkohol.

 Versuche, dich von deinem Partner zu trennen, ohne die folgenden Wörter zu verwenden

an mir!

Paar

Gefühle

wachsen

eingeschlafen

nur noch einmal im Monat

akzeptieren oder respektieren

und am Geburtstag

Veränderung und Abstand

Zukunft

schöne Zeit

zusammen

wir

Freunde bleiben

Wie man FREUNDE,

denen gerade gekündigt wurde, ein wenig

motiviert

»Du wolltest doch ohnehin mehr Sport machen!«

»Cool. Nie mehr Urlaub einreichen müssen!«

»Immerhin kannst du dich nun nicht mehr auf der Weihnachtsfeier blamieren!«

»›Kündigung‹ ist nur ein anderes Wort für ›Neubeginn‹.«

»Viele große Menschen haben erst einmal ordentlich versagt!«

»Das könnte der Beginn einer fantastischen neuen Reise sein.«

»Endlich mal Gelegenheit, die gesellige Gruppe, die immer hinterm Aldi trinkt, kennenzulernen.«

»LinkedIn ist einfach nur klasse!«

»In der Gastronomie wird ständig gesucht ...«

»Seit sie die Gerichtsshows abgesetzt haben, ist das Nachmittagsprogramm deutlich besser geworden.«

DINGE, die Menschen sagen, die in ETFs investiert haben

»Für den Anfang empfehle ich dir den MSCI World.«

»Ich habe ja mein Geld in ETFs investiert.«

»Im Schnitt 8 Prozent pro Jahr!«

»Ich habe da ganz einfach einen Sparplan angelegt.«

»Falls ich es noch nicht erwähnt hatte: Ich habe ja mein Geld in ETFs investiert.«

»Schau mal hier, zwei Prozent allein in den letzten vier Tagen!«

»Es gibt mittlerweile auch nachhaltige ETFs.«

»Ist bei mir mittlerweile ein richtiges Hobby geworden.«

»Das klassische Sparbuch ist mausetot.«

»Diversifikation ist der Schlüssel zum Erfolg.«

»Bei Tesla habe ich den richtigen Zeitpunkt verpasst.«

»Einzelaktien habe ich nur ganz wenige.«

»Die Inflation frisst sonst alles auf.«

»Die breite Streuung reduziert das Risiko erheblich.«

EINKAUFSLISTE
zur Tarnung und Abdeckung der
eigentlichen EINKAUFSLISTE

Zitronen, Orangen, Kiwi, Mango,
Trauben rot und weiß

15 Äpfel

Gemüse (einmal von allem)

2 x Magerquark

1 x Leinsamen

Vollkornbrot

Schwarzbrot

Sauerkrautsaft

1 x fettarmer Joghurt

Schokolade, mind. 80 Prozent Kakao

Für den Fernsehabend:

1 x alkoholfreies Bier

20 Gramm Walnüsse

NICHT ganz so GUTE Antworten auf »Findest du mich zu DICK?«

»Nicht dick! Gemütlich!«

»Endlich fragst du mal!«

»Ich nicht. Aber alle anderen.«

»Ich würde es ›Speckdrum erweitert‹ nennen.«

»Es gibt halt mehr von dir zu lieben.«

»Du hast auf jeden Fall genug Reserven für den Winter.«

»Warte, ich komm mal rum.«

DINGE, DIE NUR ZU ZWEIT SO RICHTIG SPASS MACHEN

Knutschen • Reden • Heiraten • Teilen • Tischtennis • Fummeln • Armdrücken • Umarmen • Wippen

FEIERN
auf dem Land

Bier + Grill = Grillabend

Bier + Grill + Musik = Party

Bier + Grill + Musik + Kinder-
schminken = Straßenfest

Bier + Grill + Musik + Kinder-
schminken + Hüpfburg = Dorffest

Bier + Grill + Musik + Kinder-
schminken + Hüpfburg + Auto-
scooter = Stadtfest

10 Zehn
Anzeichen für
DYSKALKULIE

5.

4.

8.

1.

10.

2.

3.

9.

7.

Im Seemannshimmel ...

»Ein schwerer Sturm«

»Eine Zigarette wurde an einer
Kerze angezündet«

»In die Fluten gestürzt«

»Eine Zigarette wurde an einer
Kerze angezündet«

»Vom Mast gefallen«

»Eine Zigarette wurde an einer
Kerze angezündet«

SÄTZE, die man so ziemlich JEDE WOCHE beim »perfekten Dinner« hört

»Den Safran habe ich ehrlich gesagt nicht herausgeschmeckt.«

»Der Fisch hat Sashimi-Qualität!«

»Die Ente war für meinen Geschmack etwas zu durchgegart.«

»Ich habe extra einen ganz milden Ziegenkäse genommen.«

»Gekauftes Vanilleeis ist ein absolutes No-Go!«

»Hast du den Fond für das Risotto selbst gemacht?«

»Hilfst du mir bei der Tisch-deko, Schatz?«

»Ganz lieb gemeinte sechs Punkte.«

»Das perfekte Dinner war es für mich noch nicht.«

Was sich Inhaber von
FOTOGESCHÄFTEN
bei der Auswahl der Motive für ihr
SCHAUFENSTER DENKEN

Hochzeitsbilder – meine Stärke!

Die Rose im Mund: ein Klassiker der Romantik!

Schwangerschaft! Dafür wurde die Fotografie erfunden!

Ein Baby in den starken Armen eines am Oberkörper unbekleideten Mannes! Genial!

Erotik wird erst in Schwarz-Weiß so richtig sinnlich.

Liste relativ unbekannter
HIMMEL

Erster Himmel

Zweiter Himmel

Dritter Himmel

Vierter Himmel

Fünfter Himmel

Sechster Himmel

Achter Himmel

Neunter Himmel

Zehnter Himmel

DINGE, die man von seinem THERAPEUTEN nicht so gerne hört

»Sagen Sie mal, hackt's?«

»Das ist ja noch schlimmer, als ich gedacht habe.«

»Das wird sehr teuer und langwierig werden.«

»Ich fürchte, Sie haben nicht mehr alle Tassen im Schrank!«

»Kann ich jetzt zur Abwechslung auch mal was von meinen Problemen erzählen?«

»Und Sie glauben gar nicht, welcher Überraschungsgast schon die ganze Zeit hinter der spanischen Wand auf dieses Geständnis gewartet hat ...«

»Also eigentlich ist wirklich alles Ihre Schuld.«

»Jetzt ist mir schlecht.«

»Wir sollten die Sitzung an dieser Stelle erst mal abbrechen. Ich brauche jetzt dringend einen Schnaps und eine Umarmung.«

»Nichts für ungut, aber ich würde mich an Ihrer Stelle mal darauf einstellen, noch eine ganze Weile ziemlich allein zu bleiben.«

»Wenn ich hierfür nicht bezahlt würde, wäre es komplett unerträglich.«

Ungefähr alle Teile von

JURASSIC PARK
rückwärts geschaut

Nachdem mit einem T-Rex oder etwas ähnlich Großem gekämpft wurde,

beschließt man, alle frei lebenden Dinos endgültig einzufangen

und in einem schönen und sehr sicheren Park Besuchern zu zeigen.

Schlechte SÄTZE
auf dem ARBEITSAMT

»Was ist der einfachste Job, den Sie haben?«

»Lohnt sich der ganze Aufwand denn? Ich habe doch nur noch 34 Jahre bis zur Rente.«

»Ich würde gerne so etwas Ähnliches machen wie ... sagen wir ... Spiderman?!«

»Das mit Spiderman war nur ein Scherz! Ich nehme Batman!«

»Jetzt mal unter uns: Was verdient man eigentlich so als Krimineller?«

»Irgendwas ohne Menschen, bitte!«

»Wie genau wollen Sie mir denn sagen, wie man sich erfolgreich bewirbt, wenn es bei Ihnen nur für eine Beamtenlaufbahn gereicht hat?«

FÜNF NOCH

schlechtere Antworten auf

»Ich liebe dich!«

5 »Wer bist du?«

4 »Danke.«

3 »Interessant.«

2 »Dein Problem.«

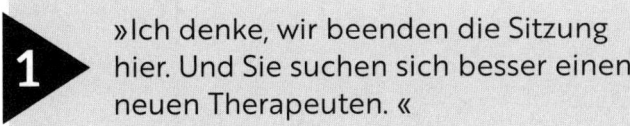

1 »Ich denke, wir beenden die Sitzung hier. Und Sie suchen sich besser einen neuen Therapeuten. «

NAMENSGENERATOR
für deutsche Gothic-Bands

TRÄNEN   Engel

STERN

BLUME

HERZ

WOLF

Traum   Nacht

Eis

Blut   KIND

Schatten

[Einfach zwei Begriffe nach Wahl kombinieren]

Wie **METZGEREIEN** hießen, wenn sie so sehr auf schlechte **WORTSPIELE** stünden wie Friseure

METTROPOLIS   Kalb Fiction

Meat and Greet

Rinderspiel   AUF HAXE

MORE TADELLA

Wurst Case Szenario

Hackleberry Finn

Ab ins Mett   Fleisch und schön

Lende gut, alles gut

Hals- und Beinbruch   Filet Grazie

Leber und Leber lassen

Salami and you

Bauch(speck)gefühl

Tick, Trick und Hack

WORÜBER du dich WANN

aufregen solltest

Januar	zu kalt & Schneematsch
Februar	zu kalt & Karneval
März	zu wenig sonnige Tage
April	macht ja auch, was er will
Mai	viel zu viele Hochzeiten
Juni	zu heiß & Deutsche Bahn wird von Hitze überrascht
Juli	zu heiß & Stau auf den Autobahnen
August	zu heiß & Wespen
September	Weihnachtssüßigkeiten jetzt schon in den Regalen
Oktober	Mist, schon wieder Herbst
November	alles viel zu grau
Dezember	Weihnachtsstress & Deutsche Bahn wird von Wintereinbruch überrascht

DAS HALBE GLAS

DER PESSIMIST:

»Das Glas ist halb leer.«

DER OPTIMIST:

»Das Glas ist halb voll.«

DER REALIST:

»Das Glas ist voll – jeweils halb mit Wasser und halb mit Luft.«

DER WIRT:

»JEDEN Abend diese drei Idioten.«

SÄTZE, die man in
WOHNGEMEINSCHAFTEN
selten hört

»Hat jemand was dagegen, wenn ich schnell durchwische?«

»Schön, dass niemand meinen Joghurt gegessen hat!«

»Mist! Studienarbeit drei Tage zu früh fertig.«

»Kann mal jemand das Bier austrinken, bevor es abläuft?«

»Wir haben definitiv zu viel Platz im Kühlschrank!«

»Huch, wer hat denn schon abgespült?«

»Heizkostenrückzahlung!!!«

»Ich bräuchte dringend 'ne Pfandflasche. Haben wir irgendwo eine?«

»Wo sollen wir denn das ganze Klopapier verstauen?«

Mir geht
es gut.

Es ist
von dir!

LÜGEN
mit vier Wörtern

Nur noch fünf
Minuten.

Sie werden
gleich ver-
bunden.

Das war ich
nicht!

SCHLECHTE Antworten auf »Was ist Ihre größte Schwäche?« im Bewerbungsgespräch

»Inkontinenz.«

»Crack.«

»Blutwurst.«

»Mobbing.«

»Käsekuchen.«

»Alkohol.«

»Perfektion.«

»Diebstahl.«

»Sehr strenger Geruch.«

»Heiratsschwindel.«

»Autoritäten.«

»Bewerbungsgespräche.«

Was aus
NEUJAHRSVORSÄTZEN
zwei Wochen später
geworden ist

- Täglich joggen. Klar! Aber erst im Sommer ...
wenn ich bis dahin die richtigen Laufschuhe gefunden habe.

Weniger
- ~~Keine~~ Einkäufe ~~mehr~~ bei Amazon!
Die merken ja auch, wenn ich sie nur jeden zweiten
Tag boykottiere.

- Gewicht verlieren!   Abnehmen ist doch
nur ein anderes Wort
für Konvention.

- Weniger Alkohol ~~unter der Woche~~.
tagsüber

- Das Leben besser organisieren.
Wo bleibt denn da die Spannung ...?

- Nur noch ~~drei~~ Zigaretten am Tag.
~~fünf~~ ~~zehn~~ fünfzehn

Wie **BÄCKEREIEN** hießen, wenn sie so sehr auf schlechte **WORTSPIELE** stünden wie Friseure

ÄHRENMANN

Backs Bunny

Bread & Breakfast

Einhörnchen

BROTFALLPLAN

BROTRUFZENTRALE

Frisch vermehlt!

Der Brotagonist

Gebäckabgabe

Habe die Ähre

Gluten Morgen

Laib und Seele

Hart, aber herzlich – Backwaren vom Vortag

Laugenschmaus

Mohn und Spott

Mehlverteiler

Verbrotene Liebe

Schrot-Platz

Roggen Roll

schwarz-brot-gold

We will rogg you

Tick, Trick & Back

YOUKORN

SÄTZE, die man nicht so gerne von seinem ANWALT hört

»Schöne Scheiße!«

»Wie kann man denn so dumm sein?«

»Wir brauchen einen sehr, sehr guten Plan B.«

»Ich fürchte, ich muss Sie anzeigen.«

»Das war definitiv komplett illegal.«

»Teuer, teuer, das wird teuer. Also so richtig teuer.«

»Vielleicht können wir den Richter bestechen ...«

»Es sieht schlecht aus, aber ich kenne einen guten Anwalt.«

»Ich bin Anwalt, kein Zauberer.«

»Wir brauchen einen Plan C, denn A und B werden nicht funktionieren.«

»Auweia, auweia, auweia, auweia, auweia ...« (Beginnt zu weinen)

»Ich würde an Ihrer Stelle jetzt relativ schnell zum Flughafen fahren.«

»Jeden Tag drei Mahlzeiten, keine Miete, TV auf dem Zimmer. Der Knast wird oft unterschätzt!«

TABU

Versuche, im Restaurant eine Portion für Kinder zu bestellen, ohne die folgenden Wörter zu verwenden

Pinocchio

Biene Maja

Pippi Langstrumpf

Hotzenplotz

Nemo

und alle anderen
Disney-Figuren

klein

halbe Portion

Happy Meal

Nuggets

Schnitzel

Fischstäbchen

Pizza

Pommes

Ketchup

und Nudeln!

Bahnfahren
– das Trinkspiel

Jeweils ein Kurzer …

… bei jedem »Zugestiegene Gäste die Fahrkarten, bitte!«.

… bei mehr als 20 Minuten Verspätung.

… pro verriegelter Toilette.

… wenn jemand im Zug laut telefoniert.

… bei umgekehrter Wagenreihung.

… bei Zugteilung (hier zwei Kurze).

… bei jeder Durchsage, in der das Wort »Bordbistro« fällt.

… pro Person, die fünf Minuten (oder früher) vor einem Halt bereits an der Zugtür wartet.

Filme für Rentner

Denn Sie wissen nicht mehr, was sie tun

Gebiss zum Morgengrauen

Rollator – Tag der Abrechnung

Findet Nemo. Und meine Brille.

Die unglaubliche Reise in einem verrückten Rollstuhl

Der Name der Arthrose

Drei Farben: Beige.

Ich weiß nicht mehr, was du letzten Sommer getan hast

Lolas Rente

Spiel mir das Lied vom Silbereisen

Opaheimer

Greis Age

Apotheke Now

Sprich langsam

50 Shades of Grey

Was freut Fans bei einem Konzert am meisten?

Aufsteigend geordnet nach Begeisterung

Getränkepreise

Vorband

Neue Songs

Mehrere Zugaben

Alte Hits

Wenn der Sänger den Namen der Stadt, in der spielt, kennt

Zwei kurze Sätze in der Landessprache

Erfolgreiche METHODEN, mit dem Rauchen AUFZUHÖREN

1. Nicht mehr rauchen!

ROTWEIN

EIN GLAS:

Der Rotwein spricht mich an.

DREI GLÄSER:

Der Rotwein spricht aus mir.

SIEBEN GLÄSER:

Der Rotwein spricht mit mir.

Letzte SÄTZE

»Dafür brauchen wir keinen Elektriker.«

»Links ist frei.«

»Den überhol ich jetzt auch noch!«

»Hilf mir mal bitte kurz, das Terrarium umzustellen.«

»Keine Sorge, der Fluss ist schon seit zwei Tagen zugefroren.«

»Ich hätte mich besser doch impfen lassen!«

»Bei unserem letzten Song wollen wir euch alle auf der Bühne haben!«

»Im freien Feld von einem Blitz getroffen zu werden ist unwahrscheinlicher als ...«

»Sind da Motten am Fallschirm?«

»Sushi für eins fünfzig. Da kann man nicht viel falsch machen.«

Wie man es nennt, wenn MENSCHEN seltsame KLAMOTTEN tragen und EXZESSIV trinken

MÜNCHEN  OKTOBERFEST

KÖLN  KARNEVAL

BERLIN WOCHENENDE

ÜBUNG
zur
Selbstkritik

1 Eine Liste mit allen persönlichen Schwächen erstellen

2 Wirklich allen!

3 Komplette Liste anschauen

4 Reflektieren

5 Beschließen, nie wieder eine Liste mit allen persönlichen Schwächen zu erstellen

TO-DO

- ☐ Arbeiten
- ☐ Schlafen
- ☐ Arbeiten
- ☐ Schlafen
- ☐ Arbeiten
- ☐ Schlafen
- ☐ Arbeiten
- ☐ Schlafen
- ☐ Arbeiten
- ☐ Freunde
- ☐ Schlafen
- ☐ Einkaufen
- ☐ Partner
- ☐ Schlafen
- ☐ Tatort
- ☐ Schlafen

Schlechte SÄTZE
bei McDonald's

»Würden Sie zu den Chicken McNuggets eher einen Weißen oder einen Roten empfehlen?«

»Einmal den Hamburger. Aber bitte mit extra Käse, einer zweiten Bulette, etwas Brot in der Mitte und einem kleinen Klecks von der Big-Mac-Sauce. Danke!«

»Den Burger bitte medium rare!«

»Können Sie das Menü an meine Paleo-Diät anpassen?«

»Guten Abend! Wir hatten einen Tisch für sechs Personen reserviert.«

»Könnte ich die Pommes bitte ohne Salz und Fett haben?«

»Ich würde jetzt gerne den Koch sprechen!«

»Das Essen war fürchterlich. Ich gebe Ihrem Laden keine zwei Monate.«

WAS MAN
MIT KÄSE
ÜBERBACKEN
KANN

1. Alles

2. Fleischgerichte

3. Käse

KING KONG

rückwärts geschaut

Ein sehr hilfs-
bereiter Affe

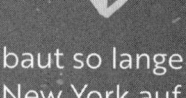

baut so lange
New York auf,

bis er zur Belohnung
auf eine Trauminsel
gebracht wird.

Nur ein kleines Stückchen Schokolade.

Natürlich verrate ich das niemandem!

LÜGEN
mit fünf Wörtern

Nur noch kurz ins Internet.

Wir können ja Freunde bleiben.

Irgendjemand hat hier gerade gepupst.

ANZAHL DER FOTOS, DIE MAN

VON SEINEN KINDERN

IM ERSTEN LEBENSJAHR
AUFNIMMT

1. KIND   3000

2. KIND   300

3. KIND   3

Die neue
Buchstabiertabelle

	alt	neu
A	Anton	Alter
Ä	Ärger	Ätzend
B	Berta	Boomer
C	Cäsar	Cringe
CH	Charlotte	ChatGPT
D	Dora	Digga
E	Emil	Emma
F	Friedrich	Friday
G	Gustav	Google
H	Heinrich	Hipster
I	Ida	Idk!
J	Julius	Jacqueline
K	Kaufmann	Klimawandel
L	Ludwig	Lauch
M	Martha	Meme
N	Nordpol	NPC
O	Otto	Opfer
Ö	Ökonom	Ökostrom
P	Paula	Paypal
Q	Quelle	Quidditch
R	Richard	Rizz
S	Samuel	Swaggernaut
SCH	Schule	Schufa
T	Theodor	Trigger
U	Ulrich	Uncool
Ü	Übermut	Ü30
V	Viktor	Vollhorst
W	Wilhelm	Woke
X	Xantippe	Xoxo
Y	Ypsilon	#yolo
Z	Zacharias	Zalando

Gute TIPPS von unserem besten Freund ALKOHOL

Einfach ansprechen! Was du genau sagst, kannst du dir währenddessen überlegen!

Ich würde noch einen nehmen. Bewerbungsgespräche kommen und gehen. Diese Nacht hingegen ist einzigartig.

Du konntest nicht tanzen. BIS JETZT!

Zeit zum Knuuuutschen!

Sing dein Lieblingslied. Sing es laut! Und ignoriere die anderen Gäste in der U-Bahn!

Also eins kannst du auf jeden Fall noch vertragen!

Noch eins geht auch!

Vier Uhr nachts ist die PERFEKTE Zeit, eine SMS zu senden und deine Liebe zu gestehen! Na los!

Ruhig mit nach Hause gehen! Am nächsten Tag ist noch genug Zeit, herauszufinden, ob man sich wirklich mag.

Vergiss, was ich über SMS gesagt habe: Anrufen ist noch viel persönlicher!

Zähl

Zähl

Zähl

Sortier

Zähl

Sortier

Sortier

Zähl

Zähl

Zähl

Sortier

Zähl

KLAPPE AUF:

ein 50-Euro-Schein

Geldautomaten sind
solche Dramaqueens

Wo ein
»Was bisher geschah ...«,
wie man es aus SERIEN kennt,
noch sinnvoll wäre

Vor der Tagesschau

Nach der Hälfte einer
Powerpoint-Präsentation

Zum Beginn eines neuen
Schuljahres

Vor dem nächsten
Beziehungsstreit

Wenn man verkatert neben
einer relativ unbekannten
Person aufwacht

TO-DO-LISTE

☑ Liste anlegen

☑ Ersten Punkt abhaken

☑ Freude über bereits zwei
  erledigte Dinge

☑ Nun sogar drei

☐ Pause und belohnen

Was **GOLDFISCHE** denken, bevor sie nach drei **SEKUNDEN** schon wieder alles vergessen haben

Milch, Brot, Eier, Zucker, Margarine

Ha! Jetzt weiß ich wieder, wo das Bernsteinzimmer war.

Milch, Brot, Eier, Zucker und noch irgendwas

Es ist nicht alles Gold, was glänzt.

»Und täglich grüßt das Murmeltier«. Pah! Da lach ich doch drüber.

Zum Glück schmecke ich niemandem.

An nichts, Schatz

Welch Ironie der Natur, dass ich niemals ein Silberfischlein treffen werde.

Get around, round, round. I get around.

Eine Karriere als Wal. Das wär's!

DIE ZWEI ARTEN VON MENSCHEN

1. Wecker 08:00 Uhr

2. Wecker 08:00 Uhr
   Wecker 08:05 Uhr
   Wecker 08:10 Uhr
   Wecker 08:15 Uhr
   Wecker 08:20 Uhr
   Wecker 08:25 Uhr
   Wecker 08:30 Uhr
   Wecker 08:35 Uhr
   ...

Wie eine **LISTE** aussieht, wenn ich sie **VOR** dem ersten **KAFFEE** schreibe

1. Irgendwas Witziges

2. Aber was?

3. drbfgrvfvsdvhjklsdhjklsdvbjkvdskjds– vkjjkssvd

4. Mist, Kopf auf die Tastatur gelegt

5. Was habe ich noch mal gerade geträumt?

6. Ich hab's gleich

7. Doch nicht

8. Ich will zurück ins Bett!

9. Nur für fünf Minuten! Ehrlich!

10. Igitt, die Zunge ist noch ganz belegt.

12. Wo ist eigentlich Punkt 11 hin?

13. KANN MAL ENDLICH JEMAND KAFFEE MACHEN???

Zehn Dinge, die bei fast jedem GRILLEN geschehen

1. Es entsteht eine Diskussion darüber, ob das Ablöschen des Fleisches mit Bier hilfreich oder sinnlos ist.

2. Jemand bringt eine vegane Alternative mit, die skeptisch beäugt wird.

3. Alufolie auf dem Rost wird kurz erwogen und dann verworfen.

4. Irgendwas mit »Männersache«

5. Etwas plumpst vom Grill ins Gras, wird kurz kritisch begutachtet und dann doch gegessen.

6. Nachdem alles gegrillt wurde, erreicht die Kohle die perfekte Temperatur.

7. Es bleibt ein einsames Schälchen gekaufter Nudelsalat ungeöffnet übrig.

8. Jemand sagt den lustigen Satz »Die Glut ist noch gut«.

9. Es gibt eine Debatte über die beste Grillsauce oder Marinade.

10. Im Vergleich zu dem, was die Türken nebenan auffahren, fühlt man sich wie ein blutiger Anfänger.

DER KÖNIG DER LÖWEN
rückwärts geschaut

Der Löwenkönig Simba
wird entthront,

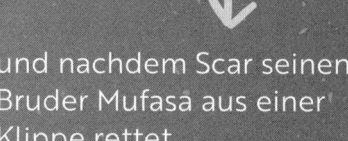

und nachdem Scar seinen
Bruder Mufasa aus einer
Klippe rettet,

wird Mufasa der neue
König der Löwen.

12
Zwölf gute GRÜNDE, nicht zu vorschnell Verträge abzuschließen

01.01. Lastschrift Fitnessstudio Januar	−49,00 EUR
01.02. Lastschrift Fitnessstudio Februar	−49,00 EUR
01.03. Lastschrift Fitnessstudio März	−49,00 EUR
01.04. Lastschrift Fitnessstudio April	−49,00 EUR
01.05. Lastschrift Fitnessstudio Mai	−49,00 EUR
01.06. Lastschrift Fitnessstudio Juni	−49,00 EUR
01.07. Lastschrift Fitnessstudio Juli	−49,00 EUR
01.08. Lastschrift Fitnessstudio August	−49,00 EUR
01.09. Lastschrift Fitnessstudio September	−49,00 EUR
01.10. Lastschrift Fitnessstudio Oktober	−49,00 EUR
01.11. Lastschrift Fitnessstudio November	−49,00 EUR
01.12. Lastschrift Fitnessstudio Dezember	−49,00 EUR

Schlechte ERÖFFNUNGSSÄTZE
beim ersten Kennenlernen
der SCHWIEGERELTERN

»Bringen wir es hinter uns!«

»Wer von Ihnen beiden war jetzt noch mal depressiv?«

»Naaaaaa, ob die Mama auch so 'ne Granate im Bett ist?«

»Tachchen! Endlich neue Menschen kennenlernen. Das ist das Schöne, wenn man wieder auf freiem Fuß ist.«

»Lassen Sie sich von den Kameras nicht stören. Das sind nur die ›Goodbye Deutschland‹-Jungs von VOX.«

»Ich freue mich wirklich sehr, endlich mal in Ruhe mit Ihnen zu plaudern. Ich kann mir vorstellen, dass Sie noch ganz, ganz viele schlimme Vorurteile über Scientology haben.«

»Ha! 24 Jahre lang mühsam großgezogen und jetzt gehört Ihr Spatzi einem Hallodri wie mir. Shit happens!«

»Oha, die Meiers! Kaum vorstellbar, dass Ihre Tochter so eine Hübsche geworden ist.«

Vollständige Liste aller Personengruppen, die auf E-SCOOTERN cool aussehen

1.

SÄTZE, die man von seinen KINDERN eher selten hört

»Mehr Gemüse, bitte!«

»Jetzt reicht es aber auch mit Fernsehen.«

»Schlaft aus, ich mache schon mal Frühstück.«

»Ich räum das schon mal weg.«

»Wir haben lange keine Fingernägel mehr geschnitten!«

»Ich will jetzt ins Bett!«

»Ich habe eine Frage, aber die behalte ich einfach für mich.«

»Auf die zweifelsohne verführerischen Werbeversprechen des kapitalistischen Weltkonzerns McDonald's falle ich schon lange nicht mehr herein! Ich hätte jetzt gerne einen Apfel!«

»Was könnte ich denn machen, wenn das Zimmer schon aufgeräumt ist?«

»Neues Spielzeug? Wozu?«

»Lieber keine Playstation, weil ich die Hände für das Klavier schonen möchte.«

»Mir ist überhaupt nicht langweilig!«

PARTNER

☐ Hübsch

☐ Nett

☐ Klug

☐ Unkompliziert

(Wähle maximal drei Eigenschaften)

Bei mir ist gar nicht aufgeräumt!

Beim nächsten Partner wird alles anders.

LÜGEN
mit sechs Wörtern

Es ist doch nur ein Arbeitskollege.

Danke, es hat ganz köstlich geschmeckt.

Diese E-Mail habe ich nie erhalten.

WER MACHT DIE VERSCHWÖRERISCHSTEN GANGSTER-POSEN?

1. Marlon Brando in »Der Pate«

2. Robert De Niro in »Good Fellas«

3. Großmütter, wenn sie ihren Enkeln heimlich Geld zustecken

10
Zehn Rathschläge
für eine
gute LISTE

2. Am wichtigsten ist die korrekte Nummerierung.

3. (Benutze keine Abkürzungen, Klammern u. ä.)

4. Keine Fehler in der Überschrift!

5. Vermeide doppelte Einträge.

6. Und vermeide doppelte Einträge.

g) Bleib stringent.

8. Jeder Eintrag der Liste sollte unbedingt in eine einzige Zeile passen.

9. Achte auf gleichm äßige Ab stän de.

10. Benutze nur eine Schriftart.

11. Mehr als zehn Punkte sind zu viel.

Für Musikfreunde

Schluss machen per Playlist!

Titel	Künstler	Zeit
Mein Schatz	Deine Lieblingsrapper	3:11
Es war eine schöne Zeit	Bert Beel	3:00
Mit dir	Freundeskreis, Joy Denalane	4:13
Meistens	Der Therapeut	3:32
Na ja	Herman van Veen	3:23
Manchmal	Yvonne Catterfeld	3:32
Aber hey!	Dota & Die Stadtpiraten	3:24
Ich habe mich vertan	Helge Schneider	9:31
Ich & Du	Philipp Poisel	3:24
Das wird nix	Dampfmaschine	2:59
Du hast mich nie geliebt	Kim Fisher	3:44
Du hast mich tausendmal belogen	Andrea Berg	3:22
Ich kann nicht mehr	Jennifer Rostock	3:19
Es ist, wie es ist	Pur	4:04
Ich bin	Vega	3:51
Tief verletzt	Greta	2:44
Zeit zu gehen	Matthias Reim	4:04
Tschüss	The Skatoons	3:37
Dein Schatz	Helen Vita, Boris Jojic, Walter Brandin	1:54
Und übrigens	Surrogat	2:54
Es geht mir gut	Westernhagen	4:00
Ohne dich	Element of Crime	3:22

Für Mutige! Hier anhören: spoti.fi/1aGVfNK

SÄTZE, die man auf einem FESTIVAL eher selten hört

»Gemütlich, wenn es im Zelt ab sieben Uhr morgens 40 Grad sind.«

»Wie gut es in meinem Schlafsack riecht!«

»Unser Dosenbier ist 'ne Spur zu kalt geworden.«

»15 Minuten anstehen, 2 Euro Pfand und einen Plastikchip, wenn ich mir ein stilles Wasser kaufe – das ist ja mal ein angenehmes Prozedere!«

»Um diese Schlammpfütze könnte man ja auch rumgehen.«

»Kann es sein, dass die Tickets dieses Jahr schon wieder ein bisschen billiger geworden sind?«

»Danke, für mich kein Bier mehr, ich will nachher bei Deichkind nüchtern sein.«

Schottischer Whisky

ODER

ORT AUS »HERR DER RINGE«?

		Schottischer Whisky	ORT AUS »HERR DER RINGE«?
1.	Aman	☐	☐
2.	Anfauglith	☐	☐
3.	Arran	☐	☐
4.	Auchentoshan	☐	☐
5.	Beleriand	☐	☐
6.	Bowmore	☐	☐
7.	Caol Ila	☐	☐
8.	Carn Dûm	☐	☐
9.	Cragganmore	☐	☐
10.	Dalwhinnie	☐	☐
11.	Edradour	☐	☐
12.	Eriador	☐	☐
13.	Glenfarclas	☐	☐
14.	Lagavulin	☐	☐
15.	Nargothrond	☐	☐
16.	Tomintoul	☐	☐

In Deutschland einkaufen

- Brot
- Butter
- Käse
- Wasser

Im Urlaub einkaufen

- Fanta Watermelon Peach Grapefruit

- Milchbrötchen mit Karamell-Kaffee-Füllung

- 20 Pfirsiche

Forrest Gump

rückwärts geschaut

Forrest Gump
rennt rückwärts
durch Amerika,

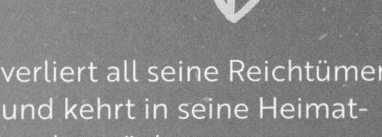

verliert all seine Reichtümer
und kehrt in seine Heimat-
stadt zurück,

um dort ein
einfaches Leben
zu führen.

Was Menschen, die online Fotos teilen, um ein iPhone oder einen Thermomix zu gewinnen, sonst noch so machen könnten ...

Dreimal hintereinander den Fernseher ein- und ausschalten, damit das Programm besser wird.

Mal ordentlich mit dem Geschirr schimpfen, damit es nicht immer so dreckig wird.

Einen Fünf-Euro-Schein in den Wind werfen, um das Gehalt zu verdoppeln.

Hupen, damit das Auto schneller fährt.

Die Uhr zurückstellen, um mehr Zeit zu gewinnen.

Umsatzstatistik
IKEA

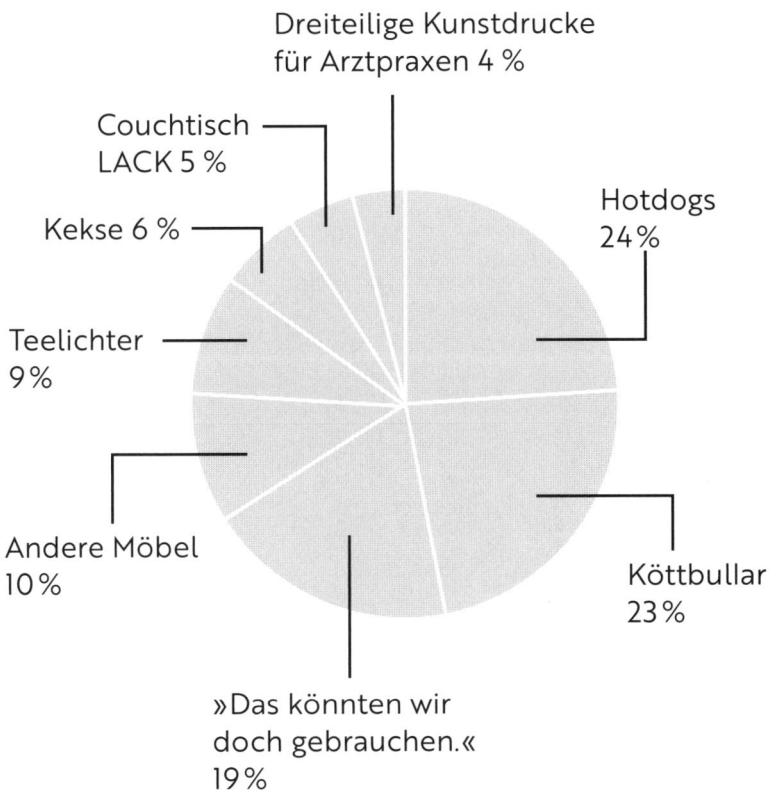

Dreiteilige Kunstdrucke
für Arztpraxen 4 %

Couchtisch
LACK 5 %

Kekse 6 %

Teelichter
9 %

Andere Möbel
10 %

Hotdogs
24 %

Köttbullar
23 %

»Das könnten wir
doch gebrauchen.«
19 %

Das komplette PRO-7-PROGRAMM von sechs Uhr morgens bis fünf Uhr nachts – OHNE Comedyserien oder die Serie »9-1-1 Notruf L.A.«

06:00 Uhr	
07:00 Uhr	
08:00 Uhr	
09:00 Uhr	
10:00 Uhr	
11:00 Uhr	
12:00 Uhr	
13:00 Uhr	
14:00 Uhr	
15:00 Uhr	
16:00 Uhr	
17:00 Uhr	Taff
18:00 Uhr	zehn Minuten Pro 7:newstime
19:00 Uhr	Galileo
20:00Uhr	
21:00 Uhr	
22:00 Uhr	
23:10 Uhr	9-1-1 Lone Star
00:00 Uhr	
01:00 Uhr	
02:00 Uhr	
02:40 Uhr	9-1-1 Lone Star
03:30 Uhr	fünf Minuten Pro 7:newstime
04:00 Uhr	
04:40 Uhr	Taff

Quelle: TV Spielfilm, 1.7.2024

SÄTZE, die DJs hassen

Kannst du diesen Song bitte ausmachen?!

»Kannst du das noch mal spielen, ich war gerade auf Toilette?«

Wir haben dich mit dem Eintritt ja quasi bezahlt!

Was spielst du als Nächstes?

Können wir unsere Jacken hier hinlegen?

Kann ich bei dir mein Handy aufladen?

»Kannst du den Song für meine Instagram-Story noch mal spielen?«

Ich weiß nicht wie der Song heißt, aber er geht ungefähr so ...

Was ist denn dein richtiger Job?

Was es ist

Es ist Unsinn,
sagt die Vernunft.

Es ist lächerlich,
sagt der Stolz.

Es ist teuer,
sagt die Geldbörse.

Es ist, was es ist,
sagt der Apple-Kunde.

Zusammensetzung von
KINDERHANDSCHUHEN

vor dem Winter

90 % Polyacryl

5 % Elasthan

5 % Polyester

nach dem Winter

45 % Polyacryl

2,5 % Elasthan

2,5 % Polyester

50 % Das, was vorher
in der Nase war

Im **BEWERBUNGS-GESPRÄCH**: einfach mal zurückfragen

»Jetzt mal ehrlich: Schon mal blau gemacht?«

»Kann ich erst mal erfahren, was Sie so im Monat verdienen?«

»Wie genau sind Sie bei der Überprüfung von Krankmeldungen?«

»Wo sehen SIE sich denn in fünf Jahren?«

»Ist es okay, hier ab und an mal morgens mit einer kleinen Fahne aufzutauchen?«

»Was ist denn überhaupt Ihre größte Schwäche?«

„Darf man auf den Betriebsfeiern jemanden mit nach Hause nehmen?"

»Ist Leute einstellen überhaupt ein richtiger Job?«

Die sieben sichersten Anzeichen dafür, dass du dich in einer Daily Soap befindest

- Du musst niemals auf die Toilette.

- Jemand aus deinem Umfeld, den du für tot hieltest, taucht plötzlich wieder quicklebendig auf.

- Du ertappst dich und deine Freunde überdurchschnittlich oft dabei, mehrere Sekunden lang entgeistert auf einen nicht näher definierten Punkt zu schauen.

- Als du glaubtest, endlich dein Liebesglück gefunden zu haben, stellte sich leider heraus, dass du mit dem Partner eng verwandt bist.

- »Zufälliges Belauschen« ist noch vor dem Internet deine Hauptquelle für neue Informationen.

- Du wurdest in deinem Leben mindestens zweimal entführt.

- Deine Freunde und du haben trotz schlecht bezahlter Jobs in Bars Wohnungen, die sich kein Mensch leisten kann.

SONNTAGS
beim Bäcker in Berlin

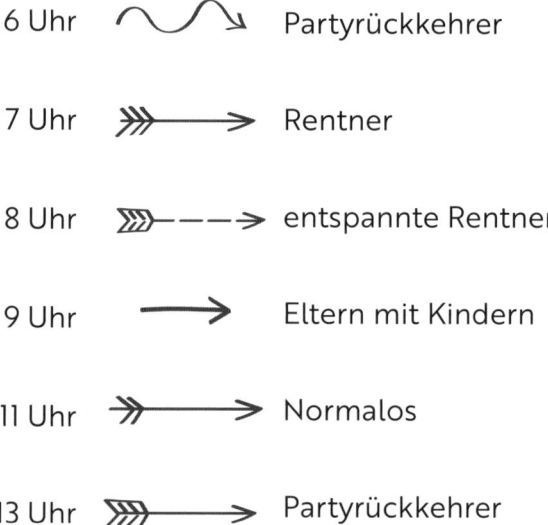

6 Uhr   Partyrückkehrer

7 Uhr   Rentner

8 Uhr   entspannte Rentner

9 Uhr   Eltern mit Kindern

11 Uhr   Normalos

13 Uhr   Partyrückkehrer (zweite Schicht)

Bedenkliche
Ernährungs-
gewohnheiten

Überall
Kameras

DSCHUNGELCAMP oder
Berlin Fashion Week

Jede Menge
D-Promis

Gewöhnungs-
bedürftige
Klamotten

ERWÄHNUNGEN der
PAZIFIKINSEL SAMOA
in den Medien

31. Januar	null
28. Februar	null
31. März	null
30. April	null
31. Mai	null
30. Juni	null
31. Juli	null
31. August	null
30. September	null
31. Oktober	null
30. November	null
31. Dezember	den ganzen Tag

KLEINE INFO ZWISCHENDURCH!

Sylvester
Ein Kater

Silvester
Letzter Tag des Jahres,
danach evtl. Kater

10
Zehn Zeichen, an denen du jemanden erkennst, der sich eine HEISSLUFT-FRITTEUSE gekauft hat

1. Keine Sorge. Er wird es dir erzählen.

SÄTZE, die man kurz vor WEIHNACHTEN nicht so gerne hört

Als Mann:

»Ich habe dir jetzt doch was Kleines gekauft!«

Als Frau:

»Findest du nicht auch, dass der Toaster seine besten Tage hinter sich hat?«

Als Kind:

»Was fandest du noch mal cool? Playstation 2 oder 3?«

Als Enkel:

»Ui, wie groß die Füßchen geworden sind. Was hat denn mein Spatzl mittlerweile wohl für eine Sockengröße?«

Als Schwiegereltern:

»In der Nähe gibt es ein ganz ausgezeichnetes Hotel!«

Als alle:

»Die Mama und der Papa müssen euch etwas über ihre Ehe sagen!«

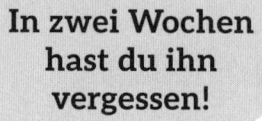
In zwei Wochen hast du ihn vergessen!

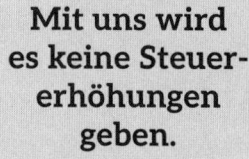
Mit uns wird es keine Steuererhöhungen geben.

LÜGEN
mit sieben Wörtern

Ich fange ab morgen mit Joggen an.

Im neuen Jahr wird alles ganz anders!

Ich bleibe nur kurz und trinke nichts.

SÄTZE, die man nach der WEIHNACHTSFEIER eher selten hört

»Ich fand's richtig besinnlich.«

»Krawatte um die Stirn. Sollte man viel öfter tragen.«

»Der Chef und die Praktikantin also. Warum denn eigentlich nicht? Liebe kennt keine Grenzen.«

»Cool, ich habe ja noch nach einer Gehaltserhöhung gefragt ...«

»Was Wichteln kann, kann nur Wichteln!«

»Alkohol. Gerne wieder.«

»Kollegen, Liebhaber. Da sind die Grenzen zu Recht fließend!«

»Ich fand das Gedicht des Finanzleiters sehr bewegend.«

»Die besten Dinge im Leben beginnen mit vier Tassen Glühwein.«

»Der Roboter-Tanz! Meine allerbeste Idee!«

Zubereitung eines
TIEFKÜHL-GERICHTS
in sechs einfachen Schritten

1. Gericht der Verpackung entnehmen

2. Verpackung entsorgen

3. Gericht in den Backofen schieben

4. Verpackung dem Mülleimer entnehmen

5. Zubereitungstemperatur und -zeit nachlesen

6. Verpackung entsorgen

Fünf Dinge, die wir aus Disney-Filmen lernen können

5. Der arrogante, hübsche Typ ist nie der richtige, der anfangs schüchterne schon!

4. Jeder kann singen. Jeder!

3. Gewöhn dich nicht zu sehr an deine Eltern.

2. Schätze vor allem deine toll-patschigen Freunde. Niemand steht so sehr zu dir wie sie.

1. Wenn du wissen willst, welchen Charakter jemand hat, schau dir seine Augenbrauen an!

Teesorte

ODER

Titel einer Rosamunde-Pilcher-Verfilmung?

		Teesorte	Pilcher-Verfilmung
1.	Schneewunder	☐	☐
2.	Wintersonne	☐	☐
3.	Winterzeit	☐	☐
4.	Wintertraum	☐	☐
5.	Träum schön	☐	☐
6.	Hol dir Kraft	☐	☐
7.	Heimkehr	☐	☐
8.	Freu dich	☐	☐
9.	Blüte des Lebens	☐	☐
10.	Atme dich frei	☐	☐
11.	Einfach schön	☐	☐
12.	Landlust	☐	☐
13.	Wilder Thymian	☐	☐
14.	Wildkirsche	☐	☐
15.	Himmelszauber	☐	☐
16.	Über den Wolken	☐	☐

Teesorte: 1, 3, 4, 5, 6, 8, 10, 11, 12, 14, 15
Pilcher-Verfilmung: 2, 7, 9, 13, 16

Beliebte SÄTZE in Berliner BARS

»Zwei Bier, bitte.« »Wo hat die Kellnerin früher noch mal mitgespielt?«

»Denkst du noch an unsere Biere?«

»Mittlerweile wäre eine Bar mal ganz erfrischend, in der kein einziges Stück der Wand abgezogen wurde.«

»Ähm ... wir hatten vor 20 Minuten zwei Biere bestellt ...« »Immerhin spielen sie hier keinen House.«

»... die beiden Biere??«

»Da hinten ist Jimi Blue Ochsenknecht. Oder der andere.«

»Das Bier kommt nicht mehr. Komm, wir gehen. Gegenüber ist 'ne Eckkneipe.«

Harry Potter

ohne Voldemort

Band 1: Harry Potter und das verflixte erste Jahr

Band 2: Harry Potter und der verrückte Zauberbesen

Band 3: Harry Potter trifft Bibi Blocksberg

Band 4: Harry Potter: Quidditch-fidel

Band 5: Harry Potter: Zoff mit den Eltern

Band 6: Harry Potter auf Sommerfreizeit

Band 7: Harry Potter und der große Abschlussball

Nutzung von
NACHRICHTENSEITEN
im Internet

Privat

Kann man mal kurz drüberschauen und vielleicht die zwei interessantesten Meldungen überfliegen.

Im Büro

Es ist ABSOLUT erforderlich, JEDE EINZELNE Meldung auf der Seite genauestens durchzulesen!

Schriftart

ODER

BERÜHMTES DRESSURPFERD?

		Schriftart	DRESSURPFERD
1.	Valegro	☐	☐
2.	Dalera	☐	☐
3.	Portobello	☐	☐
4.	Pop Art	☐	☐
5.	Avant Garde	☐	☐
6.	Shelley Volante	☐	☐
7.	Keltec Salinero	☐	☐
8.	Frutiger	☐	☐
9.	Salieri CH	☐	☐
10.	Eras	☐	☐

Schriftart 3, 5, 6, 8, 10
Dressurpferd: 1, 2, 4, 7, 9

SIEBEN SÄTZE, die man eher selten zu seiner MUTTER sagt

»Kinder! Spitzenthema!«

»Lass uns doch mal zusammen ein Tattoo stechen lassen!«

»Nee, ruf ruhig morgen früh um halb sieben an. Ich hoffe, ich bin dann vom Joggen zurück!«

»Wir haben lange nicht mehr über meine Zukunft geredet ...«

»Du und Papa: Was ging da früher eigentlich so im Bett?«

»Vielleicht kannst du einfach mal mit zu meinem Therapeuten.«

»Und genau diese Sorgen machst du dir vollkommen zu Recht!«

DINGE, die eine
TABELLENKALKULATION kann

- ☑ Diagramme und Grafiken
- ☑ Pivot-Tabellen
- ☑ Datenvalidierung
- ☑ Makros und Automatisierung
- ☑ Finanzmodelle
- ☑ Geografische Datenvisualisierung
- ☑ Simulationen und Monte-Carlo-Analysen
- ☑ 3-D-Modelle
- ☑ Inventarverwaltung
- ☑ Wettbewerbsanalysen

DINGE, die ICH mit einer
TABELLENKALKULATION kann

- ☑ Zahlen farbig hinterlegen und Summe

WER DICH AM
HÄUFIGSTEN IN JOGGINGHOSEN
SIEHT

1. Fitnesstrainer

2. Andere aus dem Sportverein

3. Pizzabote

Wie wirken eigentlich DROGEN?

Nüchtern
Ein Burger wäre nicht schlecht.

Nikotin
Bin noch satt.

Alkohol
Ich habe jetzt Lust auf einen Burger, kann das Wort aber nicht mehr aussprechen.

Marihuana
Oh Mann, ich habe vergessen, dass ich einen Burger wollte, aber jetzt will ich zwei. Mit Pommes. Und einen Milkshake. Und Nuggets.

Crack
Ein Burger wäre gut. Aber erst noch mal Crack.

MDMA
Dieser Burger fühlt sich so weich und angenehm an. Ich liebe diesen Burger!

Heroin
Für Burger ist mir mein Geld zu schade.

LSD

Warum tanzt da eine rosa Giraffe auf meinem Burger?

Kokain

Geiler Burger. Aber ich bin geiler!

LSD plus Pilze

Ach so, ich BIN die rosa Giraffe auf dem Burger!

Speed

Ein Burger wäre gut. Aber den kann ich ja auch noch in 18 Stunden essen.

Valium

Ein Burger wäre gut, aber erst nach meinem Nickerchen ...

Ritalin

Ich habe keine Zeit für einen Burger, ich muss mich konzentrieren.

Ketamin

Wo bin ich? Und warum ist dieser Burger so riesig?

Tipps für einen gelungenen Einkauf

- Lege zu Beginn einen ordentlichen Stapel Gemüse in den Einkaufswagen. Triffst du während des weiteren Einkaufs einen potenziellen Partner, sieht er, dass du dich gut zu ernähren weißt. Entsorge den Kram kurz vor dem Bezahlen unauffällig im Süßigkeitenregal.

- Eine Flasche, eine Schnur und einen Pfandautomaten – mehr braucht man nicht, wenn es an dem nötigen Kleingeld fehlt.

- Für ein kurzes Rennen mit dem Einkaufswagen ist man nie zu alt.

- Apropos: Nimm den Einkaufswagen ruhig mit heim. Günstiger kommst du nicht an ein praktisches mobiles Bettchen für deinen Nachwuchs.

- Stets eine Stange Lauch kaufen, die – wenn du nach Hause gehst – lässig aus der Papiertüte steht. Wirkt immer, als hättest du dein Leben komplett im Griff!

SIEBEN gute Gründe, ein Bierchen zu trinken

1 Montag

2 Dienstag

3 Mittwoch

4 Donnerstag

5 Freitag

6 Samstag

7 Sonntag

Prost!

DREI gute Gründe,
in **Bitcoin** zu investieren

3 Du magst Abwechslung und Herzinfarkte.

2 Glücksspiel ist dir zu seriös.

1 Geld ist dir nicht so wichtig.

10
Zehn Dinge, die Deutsche über Norwegen wissen

1. Trinken viel Schnaps dort.

2. Obwohl der Schnaps teuer ist.

3. Eines von den drei Ländern da oben.

4. Fjorde!

5. Und Polarlichter!

6. Die Hauptstadt ist entweder Helsinki oder Oslo.

7. Taaaaaake on me!

8. Und Black Metal.

9. Trinken viel Schnaps dort!

10. Obwohl der wirklich unglaublich teuer ist!

WIE ICH
DOKUMENTE
SPEICHERE

projekt.doc

projekt_final.doc

projekt_final1.doc

projekt_final2.doc

projekt_final3.doc

projekt_finalfinal.doc

projekt_finalfinalkorrigiert.doc

projekt_finalfinalkorrigiert1.doc

projekt_finalfinalkorrigiert2.doc

projekt_finalfinalkorrigiert2_NEU.doc

projekt_finalfinalkorrigiert2_NEU1.doc

projekt_finalfinalkorrigiert2_NEU1_final.doc

Was man bei
15 °C TRÄGT

Am Ende des Sommers:

- T-Shirt
- Leichter Pulli in der Tasche für später

Am Ende des Winters: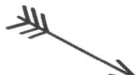

- Unterhemd
- Hemd
- Pullover
- Jacke
- Schal/Tuch
- Wollmütze

SIEBEN schlechte Kusstechniken

7 Der Zahnreiniger

6 Tag der geschlossenen Tür

5 Der Lappen

4 Der Putzerfisch

3 Der Gaumenkitzler

2 Der trinkende Hund

1 Die Spirale

GEDANKEN, die man beim
AUFRÄUMEN HÄUFIG HAT

Das kann man noch zum Schlafen anziehen.

Das kann man doch mal zum Streichen anziehen.

Das wollte ich noch lesen.

Vielleicht für Kleinanzeigen?

Das könnte man noch mal gebrauchen.

Das wollte ich schon lange mal reparieren.

Das war ein Geschenk, das kann ich nicht wegwerfen.

Das hat sentimentalen Wert.

Das war mal sehr teuer.

Das könnte irgendwann wieder in Mode kommen.

Das geht noch, da fehlt nur ein Kabel.

Da passe ich wieder rein, wenn ich ein bisschen abgenommen habe.

Das wird noch richtig wertvoll.

Das wäre etwas fürs Wichteln!

Das ist zu schade zum Wegwerfen.

Du wirst dich hervor-
ragend mit meiner
Mutter verstehen!

Es liegt nicht an dir,
sondern an mir.

LÜGEN
mit acht Wörtern

Ein Techniker wird
sich bald bei Ihnen
melden.

Mich interessiert
nicht das Aus-
sehen, sondern
der Charakter.

Sechs Kilo in zwei
Tagen mit der
Mittelmeerdiät.

Große GRUPPEN, denen sich kein Mensch ZUGEHÖRIG fühlt

- Hipster

- Sextouristen

- Jasager

- schweigende Mehrheit

- Bürokraten

- Idioten

- Ewiggestrige

- Käufer herkömmlicher Produkte

DINGE, DIE ICH ABSOLUT NIE MACHE!

Listen

lügen

SÄTZE, die MUSIKNERDS gerne mal hören würden

»Hast du etwa deine Platten nach dem Namen des Bassisten sortiert? Genial!«

»Geh du ruhig zum Konzert, ich heirate dann allein.«

»Wenn du in unserer Bar deine Lieblingslieder auflegst, wäre uns das schon einen Tausender wert.«

»Hier hat irgendein ›Pharrell Williams‹ angerufen, der sich sehr für deinen Vinyl-Blog interessiert.«

»Aussehen ist mir egal! Hauptsache, die Lieblingsbands stimmen.«

»Das ist 'ne Fehlpressung der ersten Beatles-Single. Keine Ahnung, was so was wert ist. Sagen wir 'n Fünfer?!«

»Schon gehört? Alle Streaming-server wurden durch einen Virus zerstört, was den Wert sämtlicher CDs und Platten verhundertfacht!«

Wo Menschen laut
Laptop-Werbung
ihren Laptop benutzen

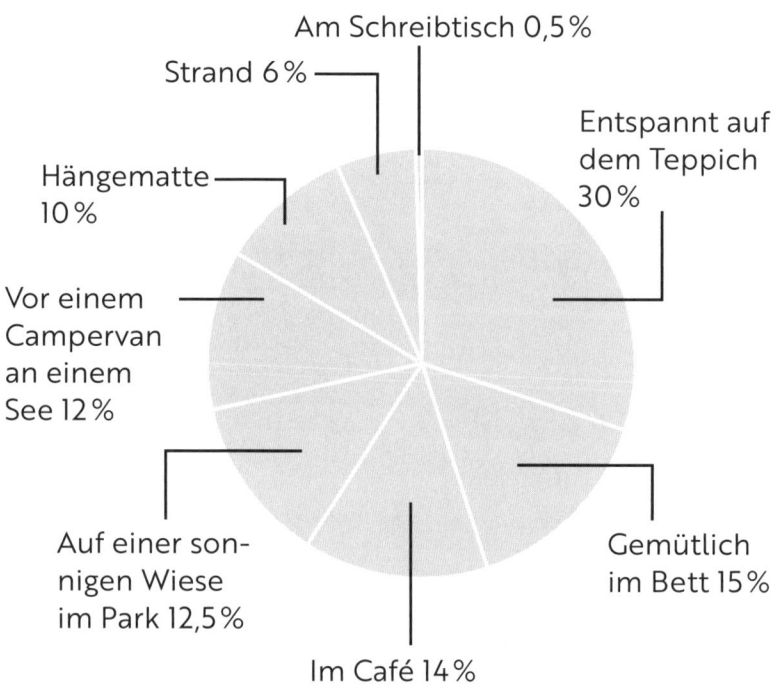

Am Schreibtisch 0,5 %

Strand 6 %

Entspannt auf dem Teppich 30 %

Hängematte 10 %

Vor einem Campervan an einem See 12 %

Auf einer sonnigen Wiese im Park 12,5 %

Im Café 14 %

Gemütlich im Bett 15 %

Die vier deutschen Jahreszeiten

1. Spargel

2. Aperol Spritz

3. Pfifferling

4. Glühwein

Wie ich mit defekten DINGEN umgehe

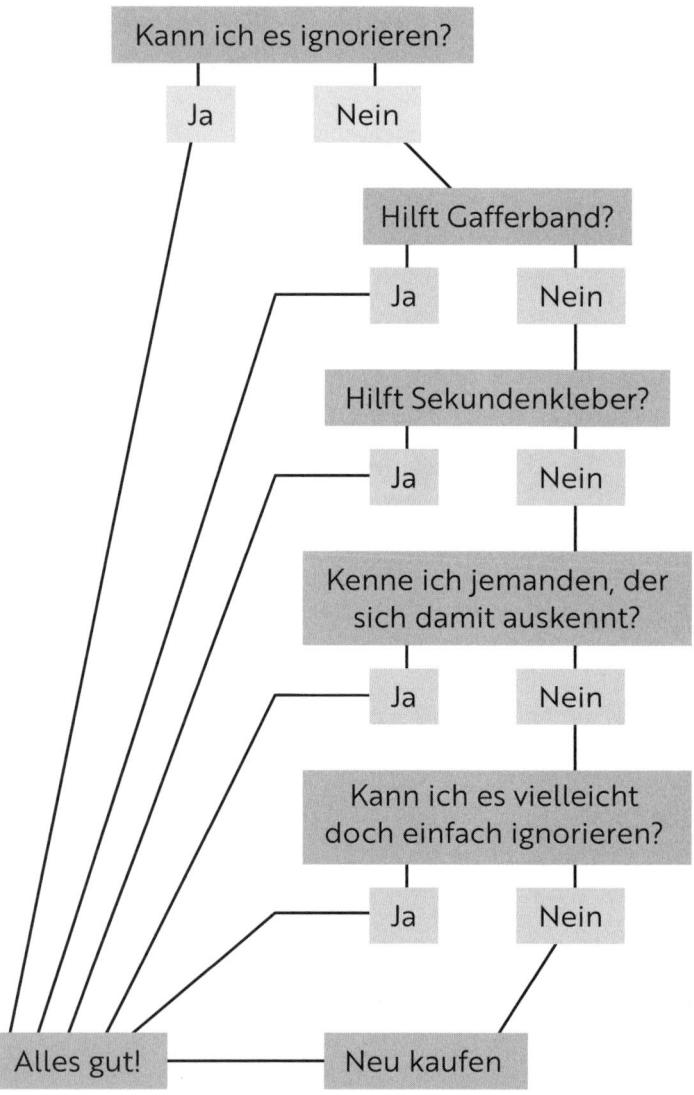

Kann ich es ignorieren?

Ja → Nein

Hilft Gafferband?

Ja → Nein

Hilft Sekundenkleber?

Ja → Nein

Kenne ich jemanden, der sich damit auskennt?

Ja → Nein

Kann ich es vielleicht doch einfach ignorieren?

Ja → Nein

Alles gut! → Neu kaufen

WAS ungefähr jede WOCHE bei der PLANUNG von TERMINEN passiert

Montag	keine Termine
Dienstag	keine Termine
Mittwoch	sieben Meetings, Therapie, Fitness, wichtiges Fußballspiel, Geburtstagsfeier eins, Geburtstagsfeier zwei, Kino-Preview des absoluten Lieblingsfilms
Donnerstag	keine Termine
Freitag	keine Termine
Samstag	keine Termine und leicht einen sitzen
Sonntag	keine Termine

Um diesen Schrank zusammenzubauen, brauche ich wirklich keine Anleitung.

Bin gleich fertig, ich brauche nur noch fünf Minuten.

Also das ist wirklich das perfekte Geschenk für mich.

LÜGEN
mit neun Wörtern

Ich habe noch nie etwas Negatives über dich gesagt.

Dein Kuchen schmeckt wie von einem echten Konditor gemacht.

Das ist definitiv der letzte Drink für heute Abend.

Für Musikfreunde

Kündigen mit einer Playlist

Titel	Künstler	Zeit
Liebe	Kraftklub	3:11
Firma	Calima	3:00
Ich mag	Volker Lechtenbrink	4:13
Nicht mehr	Zero Mentality	3:32
Warum?	Tic Tac Toe	3:23
Stimmung	Bernd Stelter	3:32
Doof	Pur	3:24
Kollegen	Uli Keuler	9:31
Doof	Pur	3:24
Zu wenig	Muff Potter	2:59
Geld	Rio Reiser	3:44
Summa summarum	Peter Rist	3:22
Arbeit nervt	Deichkind	3:19
Zeit zu gehen	Matthias Reim	4:04
Auf Wiedersehen	Die Amigos	3:51
P. S.	Ryan Adams	2:44
Ich bin verliebt in meine Sekretärin	Reinhard Mey	2:59

Für Mutige! Hier anhören: spoti.fi/IwRDHO

Nespresso-Sorte

ODER

Zauberspruch aus Harry Potter?

		Nespresso-Sorte	Zauberspruch
1.	Arpeggio	☐	☐
2.	Ascendio	☐	☐
3.	Cosi	☐	☐
4.	Crucio	☐	☐
5.	Dharkan	☐	☐
6.	Densaugeo	☐	☐
7.	Fortissio Lungo	☐	☐
8.	Finite Incantatem	☐	☐
9.	Indriya	☐	☐
10.	Imperio	☐	☐
11.	Ristretto	☐	☐
12.	Reducio	☐	☐

Zauberspruch: 2, 4, 6, 8, 10, 12
Nespresso-Sorten: 1, 3, 5, 7, 9, 11

Schlechte
REAKTIONEN
auf »Mit uns ist es aus!«

5 »Na endlich!«

4 »Hatten wir nicht vereinbart, größere Entscheidungen gemeinsam zu treffen?«

3 »Mist, nur noch zwei Beziehungen.«

2 »Nöööööö. Gar nicht.«

1 »Wir waren zusammen?«

Der häufigste
SATZ über den
SANDWICHTOASTER

Direkt nach dem Kauf:

Wir können ja heute Sandwiches machen!

Einen Monat nach dem Kauf:

Nächste Woche machen wir aber endlich mal wieder Sandwiches!

Ein Jahr nach dem Kauf:

Wusstet ihr, dass wir einen Sandwichtoaster besitzen?

Zehn Lügen beim Business SMALL TALK –
in chronologischer Reihenfolge

»Hallo! Endlich treffen wir uns mal!«

»Ja, ich habe schon viel Gutes über Sie gehört!«

»Schöner Anzug!«

»Nicht der Rede wert!«

»Interessantes Projekt!«

»Wir rutschen bald in die schwarzen Zahlen!«

»Das freut mich sehr für Sie!«

»Danke. Und bis ganz bald!«

»Wir bleiben auf jeden Fall in Kontakt.«

»Ich rufe Sie an!«

Wie PARTEIEN mit zweifelhaften WAHLKAMPF-AKTIONEN umgehen

Aktion stammt von der eigenen Partei

»Nicht so gemeint«

»Witziger Seitenhieb«

»Aus dem Zusammenhang gerissen«

»Das gehört im Wahlkampf dazu.«

Aktion stammt von einer anderen Partei

»Absolut geschmacklos«

»Senkt deutlich das Niveau«

»Überschreitet jede Grenze«

»Wer so etwas sagt, ist nicht mehr tragbar.«

DIE ZWEI ARTEN VON MENSCHEN

1. Jene, die im Hotel fragen, ab wann es Frühstück gibt.

2. Jene, die im Hotel fragen, bis wann es Frühstück gibt.

Was **WESPEN** innerhalb von zwei, drei **SEKUNDEN**
so alles denken

»Oh, ein Getränk. Direkt mal in den Flaschenhals kriechen.«

»Cool, da liegt ja eine Bratwurst ... «

»Puh, fast ersoffen. Noch mal Glück gehabt.«

»Hui, ein Pflaumenkuchen. Der sieht interessant aus. Da fliege ich mal hin und nasche ein wenig.«

»Hmm ... ich bin schon lange nicht mehr bedrohlich nah an einem menschlichen Gesicht vorbeigeflogen ... das wird lustig!«

»Der Pflaumenkuchen sieht immer noch lecker aus. Schnell zurück.«

»Doch nicht. Lieber ein wenig im Zickzack durch die Luft düsen.«

»Oder zurück zum Kuchen? Schnell wieder hin.«

»Ach, keinen Bock mehr. Lieber wieder losfliegen.«

Das war alles schon genau so, als ich hier ankam.

Das ist mein letzter Kater, ich trinke nie wieder Alkohol!

LÜGEN
mit zehn Wörtern

Wir spielen die alten Hits und das Beste von heute.

Natürlich habe ich das komplett ohne Hilfe von ChatGPT geschrieben.

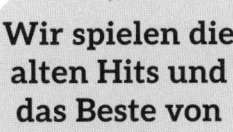

Mit der Bahn reisen Sie pünktlich und bequem durch Deutschland.

Schlechte SÄTZE bei der
WOHNUNGSBESICHTIGUNG

»Und hier könntest du das Bett und die Webcam aufstellen, Schatz!«

»Wie wäre es, wenn SIE mir erst mal IHRE Schufa-Auskunft zeigen?«

»Mit dem Jonas, dem Onno, dem August und dem Matti sind es bei uns insgesamt vier Kinder. Also ... bis die Drillinge kommen.«

»Dürfen wir die Wände schwarz anstreichen und die Fenster vergittern?«

»Das ist der perfekte Versammlungsort für die Kameraden. Der Führer wäre stolz.«

»Schönes Zimmer! Hier könnte das Klavier hin, dort das Schlagzeug und drüben der Kontrabass.«

»Wie oft kommt die Polizei in dieser Gegend vorbei?«

»In dieser Ecke könnten wir die Hühner unterbringen.«

Gute SÄTZE bei der
WOHNUNGSBESICHTIGUNG

»Wir würden für die Autos insgesamt vier Stellplätze benötigen. Und noch zwei für den großen Tesla.«

»Ist es ein Problem, wenn ich die Hälfte des Jahres nicht hier, sondern in Monaco verbringe?«

»Geld macht nicht glücklich, sagen die Leute. Nun ja ... ich habe seit meiner frühen Jugend ganz andere Erfahrungen gemacht!«

»In diesem Eckchen würde sich unser Tresor ganz hervorragend machen.«

»Ich erreiche meinen Partner nicht: vermutlich gerade wieder auf dem Laufsteg.«

»Kann ich die Kaution verdoppeln? Sicher ist sicher!«

»Wo wäre denn in dieser Gegend der nächste Helikopter-Landeplatz?«

»Wäre es auch möglich, die Miete jährlich und im Voraus zu begleichen?«

FÜNF SÄTZE,
die Besitzer von
In–Ear–Kopfhörern
ab und an sagen ...

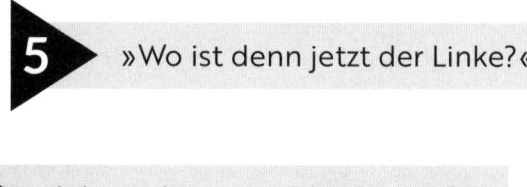 **5** »Wo ist denn jetzt der Linke?«

4 »Wo ist denn jetzt der Rechte?«

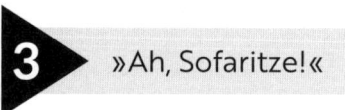 **3** »Ah, Sofaritze!«

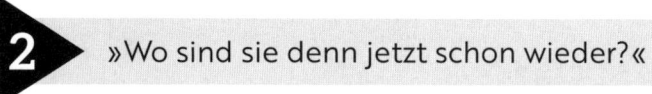 **2** »Wo sind sie denn jetzt schon wieder?«

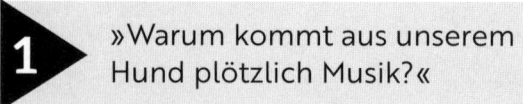 **1** »Warum kommt aus unserem Hund plötzlich Musik?«

So würden deutsche **MEDIEN** über den **WELT-UNTERGANG** berichten

ALLE Kilos verlieren mit der Apokalypse!
Bild der Frau

Weltuntergang: das Ende für diese Regierung?
Der Spiegel

Debatte zum Weltuntergang: Pro und Contra.
Die Zeit

Weltuntergang! Ist es die Schuld der Grünen?
BILD

So glamourös verbringen Prominente die letzten Tage!
Bunte

Die Apokalypse: Bringt sie William und Kate auseinander?
Das goldene Blatt

Weltuntergang: 55 Tools und Tipps, um ihre Daten zu sichern!
Computer Bild

Ist Gold jetzt noch eine sichere Wahl?
Focus Money

PLATZ FÜR EIGENE LISTE

1.

2.

3.

4.

5.

6.

7.

8.

9.

10.

Danke!

Barbara Dussler, Lukas Meister, Adrian Krug und meinen Insta-Followern für die Mitarbeit an den aktuellen Listen.

Finn, Sebastian, Jule, Jochen, Tanja und Twitter für die Mitarbeit an den früheren Listen.

Silke, Linda und Martin für einen schönen Abend in Bamberg vor ungefähr hundert Jahren.

Kiepenheuer & Witsch, Juliane Schindler, Anja Hänsel, Martin Breitfeld, Mona Lang, Philipp Rusch, Claudia Rauchfuß und Ulla Brümmer für die Zusammenarbeit bei dem ersten Buch.

Yes Publishing (Oliver und Pascale) für Idee und Zusammenarbeit bei dem zweiten Buch.

Originalausgabe
1. Auflage 2024
© 2024 by Yes Publishing – Pascale Breitenstein & Oliver Kuhn GbR
Türkenstraße 89, 80799 München
info@yes-publishing.de

Bildnachweis: S. 5, 8, 12, 14–15, 17–19, 21, 28, 30–31, 41, 43, 45–47, 55,
60, 62, 64, 65, 67–69. 71, 81, 87, 89, 91, 94, 96, 99, 101, 103, 105–107,
108, 115, 118, 124–125, 130–132, 139, 140, 141, 143, 146, 156–157, 160, 165,
168–170, 176, 183, 185, 190: © Freepik; S. 7, 13, 16, 25, 32, 40, 46–48, 53,
55–56, 59, 63–64, 66, 70, 77, 80–82, 88, 93, 100, 104, 106,118, 120, 122,
128, 131, 135, 138, 145, 147, 151, 155, 171, 186–187: © rawpixel.com / Freepik; S. 21: © macrovector / Freepik; S. 44, 119: © vectorpouch / Freepik

Umschlaggestaltung: Ivan Kurylenko (hortasar covers)
Layout und Satz: Bernadett Linseisen (schere.style.papier), München
Druck: CPI
Printed in the EU

ISBN Print 978-3-96905-343-0
ISBN E-Book (EPUB, Mobi) 978-3-96905-344-7
ISBN E-Book (PDF) 978-3-96905-345-4